JARDIM URBANO

JARDIM URBANO

MATT JAMES

Colaboração Royal Horticultural Society
Fotografias Marianne Majerus
Tradução Luís Carlos Borges

EDITORA SENAC SÃO PAULO – SÃO PAULO – 2014

ADMINISTRAÇÃO REGIONAL DO SENAC NO ESTADO DE SÃO PAULO
Presidente do Conselho Regional
Abram Szajman
Diretor do Departamento Regional
Luiz Francisco de A. Salgado
Superintendente Universitário e de Desenvolvimento
Luiz Carlos Dourado

EDITORA SENAC SÃO PAULO
Conselho Editorial
Luiz Francisco de A. Salgado
Luiz Carlos Dourado
Darcio Sayad Maia
Lucila Mara Sbrana Sciotti
Jeane Passos Santana

Gerente/Publisher Jeane Passos Santana
Coordenação Editorial Márcia Cavalheiro R. de Almeida
Thaís Carvalho Lisboa
Comercial Marcelo Nogueira da Silva
Administrativo Luís Américo Tousi Botelho
Edição de Texto Maísa Kawata
Preparação de Texto Thelma Guimarães (Engenho e Arte Editorial)
Revisão Técnica Roselaine Faraldo Myr Sekiya
Revisão de Texto Luiza Elena Luchini (coord.),
ASA Assessoria e Comunicação
Direção de Arte Jonathan Christie, Juliette Norsworthy,
Lizzie Ballantyne
Editoração Eletrônica Antonio Carlos De Angelis

Publicado pela primeira vez na Grã-Bretanha em 2014,
sob o título *The Urban Gardener*, por Mitchell Beazley,
selo da Octopus Publishing Group Ltd.
Endeavour House, 189 Shaftsbury Avenue, Londres, WC2H 8JY.
Colaboração da Royal Horticultural Society
Design e layout © Octopus Publishing Group Ltd, 2014
Texto © Matt James, 2014
Fotos © Marianne Majerus, 2014, exceto imagem da página 141
(© JS Sira, 2014).

Dados Internacionais de Catalogação na Publicação (CIP)
(Jeane Passos Santana – CRB 8ª/6189)

James, Matt
Jardim urbano / Matt James com colaboração da Royal Horticultural Society; tradução de Luís Carlos Borges; fotografia de Marianne Majerus. – São Paulo : Editora Senac São Paulo, 2014.

Título original: [The Urban Gardener]
Bibliografia
ISBN 978-85-396-0637-5

1. Jardinagem 2. Jardim urbano I. Royal Horticultural Society.

14-208s CDD-712

Índice para catálogo sistemático:
1. Jardinagem : Jardim urbano 712

Editora Senac São Paulo
Rua Rui Barbosa, 377 – 1º andar
Bela Vista – CEP 01326-010
Caixa Postal 1120 – CEP 01032-970 – São Paulo – SP
Tel. (11) 2187-4450 – Fax (11) 2187-4486
E-mail: editora@sp.senac.br
Home page: http://www.editorasenacsp.com.br

SUMÁRIO

Para meus jardineiros em botão, Frankie e Rosie.

INTRODUÇÃO

À primeira vista, o jardim urbano típico parece um subproduto do planejamento urbano e do design que remonta a décadas atrás. Pequeno e acometido por problemas como falta de privacidade, poluição e sombra, um jardim urbano pode apresentar muitos desafios. A boa notícia é que todos podem ser superados e que algo maravilhosamente belo pode resultar de seus esforços criativos. Talvez seu pedaço de terra seja um oásis inexplorado, pronto para a jardinagem.

Seu jardim urbano é importante. Ele pode ampliar seu espaço vital, ser um lugar seguro para as crianças, proporcionar prazer ao ar livre e entreter a família e os amigos. O jardim também é um lugar onde não apenas o corpo, mas o espírito pode encontrar repouso e relaxamento. Não há melhor lugar para tranquilizar mentes e corpos depois de um dia estressante.

Contudo, tornar verde seu jardim não diz respeito apenas a você; as implicações vão muito mais longe. Um jardim bem cuidado na verdade enriquece a vida de todos à sua volta – não apenas os vizinhos, mas toda a comunidade, incluindo a vida silvestre.

E o meio ambiente? Nunca foi tão vital considerar questões como sustentabilidade, emissões de carbono, a distância que o alimento percorre desde a fonte até o consumidor, o uso e a reciclagem da água – para mencionar apenas algumas. Você e seu jardim podem fazer uma diferença real. Isso, porém, não significa que devemos permitir que todos os jardins urbanos se tornem "selvagens" e bravios. Um design ecológico pode ser limpo, elegante e moderno. Nestas páginas, você encontrará vários exemplos contemporâneos, das mais diversas formas e aparências, desde espaços abaixo do nível do solo até o alto de coberturas, passando por tudo que há entre eles.

Meu objetivo é inspirá-lo com conselhos simples e práticos para que tire o máximo possível de um jardim urbano, independentemente do seu orçamento, do tempo de que dispõe para cuidar dele e de suas dimensões – não importa se ele lembrará uma quadra de tênis ou uma caixa de sapatos. Aliás, você nem precisa ter um jardim: basta uma coleção de recipientes coloridos na porta da frente – mesmo uma jardineira de janela tem um potencial ilimitado.

Seja lá o que tiver em mãos, valorize-o. Com determinação e um pouco de entusiasmo, é possível transformar por completo qualquer espaço, com profunda satisfação para seu criador e prazer indescritível para todos os que buscam um refúgio verde no ambiente urbano.

Ao lado: Um belo jardim verde melhora a vida na cidade, esteja você dentro ou fora dele.

JARDINAGEM NO PARAPEITO

Este livro mostra como tirar o máximo dos jardins urbanos. Antes de mergulhar nos detalhes do planejamento e do plantio, é importante avaliar o ambiente como um todo. Você e seu jardim são parte de um quadro muito maior.

Tornar a cidade "verde"

A ideia de tornar um local "verde" não é um conceito novo – os benefícios das plantas para as cidades são reconhecidos há décadas por planejadores urbanos e paisagistas. Contudo, com a mudança climática e as justificadas preocupações quanto ao uso de energia e à perda de biodiversidade, os jardins urbanos, suas plantas e o importante papel que eles desempenham nunca foram tão valorizados.

Pode-se questionar a importância de seu impacto individual, mas, se todos os moradores, em todas as residências, em todas as ruas, fizerem um esforço consciente, teremos um resultado maior! Seu jardim é de fato importante. Plantas e jardins são úteis pelos motivos que exporemos a seguir.

• Combate ao problema do carbono

É impossível ignorar a poluição do ar nas cidades. Fábricas, aviões e veículos automotivos expelem gás carbônico, dióxido de enxofre, monóxido de carbono e dióxido de nitrogênio, que, juntamente com partículas nocivas (que incluem os resíduos do desgaste dos freios e o carbono emitido durante o processo de combustão), cobrem edificações com camadas de sujeira. As folhas capturam impurezas que, após a chuva, se dissolvem no solo. As plantas também são os "pulmões" de uma cidade; as árvores, em particular, "respiram" grandes quantidades de gás carbônico como parte do processo fotossintético natural. Plantas com flores de perfume forte também oferecem alívio contra odores desagradáveis.

Não está claro o quanto os jardins domésticos urbanos atuam como captadores de carbono ou quanto carbono emitem. Alguns cientistas até sugerem que, em geral, mais carbono é emitido na criação e manutenção de um jardim do que se não fosse feita nenhuma atividade de jardinagem. Isso, porém, depende do estilo do jardim e de como ele é mantido.

Ao lado: Um oásis acima das ruas da cidade. Imagine se todos tornássemos verdes os nossos jardins...

Direita: Gramados, canteiros e árvores, assim como pavimento permeável, casca de árvore e cascalho absorvem chuvas fortes e permitem que a água se infiltre de modo natural no solo em vez de fluir com rapidez, o que diminui alagamentos localizados.

Reduzir sua pegada de carbono é algo simples. Use materiais produzidos localmente, propague tantas plantas quanto puder, plante uma árvore (as árvores absorvem quantidades enormes de carbono) e seja orgânico. Não corte árvores maduras, a menos que representem perigo, e não regue nem fertilize o gramado. Use um cortador de grama mecânico (não um modelo elétrico ou a gasolina), abaixe o termostato da estufa e faça seu próprio composto orgânico.

• Resfriamento urbano

Em comparação com as regiões rurais, as cidades são quentes e estão ficando cada vez mais. Concreto, tijolo e asfalto absorvem a radiação solar – contribuindo para o fenômeno "ilha de calor" – ao passo que a vegetação a reflete; além

disso, é claro que as árvores também oferecem sombra. Uma temperatura mais elevada (sobretudo à noite) pode significar que plantas sensíveis ao frio necessitarão de menos proteção no inverno, mas também poderá provocar florescimento prematuro, mais necessidade de água e risco maior de ataque por parte de pragas e doenças.

• Prevenção de enchentes e gestão da água da chuva
Ao contrário dos pavimentos e calçadas impermeáveis, o solo e a relva absorvem água da chuva, ajudando a reduzir alagamentos localizados. As plantas, especialmente as árvores, interceptam a chuva e desaceleram sua descida ao solo, o que, por sua vez, alivia a pressão sobre os bueiros.

• Redução dos custos de energia e melhoria do isolamento térmico
Plantas e árvores não se limitam a resfriar o ar; elas resfriam as edificações no verão e as aquecem no inverno, economizando a energia usada para acionar aparelhos de ar-condicionado e aquecimento central. Telhados verdes e paredes vivas (formados por trepadeiras ou módulos especialmente planejados e montados nas paredes; ver p. 144) são ideais.

Árvores, em especial as decíduas, são particularmente úteis: no verão, elas resfriam com sua sombra e, no inverno, quando as folhas caem, permitem que o calor da luz solar chegue às edificações. Quando posicionadas com cuidado, árvores e cercas vivas podem conduzir delicadamente o vento e resfriar as edificações, ou então atuar como quebra-ventos e amenizar quaisquer efeitos adversos.

• Conservação da água
A água é um recurso precioso e, com a mudança climática e as crescentes temperaturas urbanas, episódios de falta de água devem ser mais frequentes. Tente conservar ou usar água reciclada sempre que possível. Para mais informações sobre conservação de água, ver p. 210.

• Fauna e biodiversidade urbanas
A fauna é um tesouro valioso, e o jardim urbano pode sustentar toda uma variedade de aves, animais e insetos. Com a crescente urbanização, cada vez mais hábitats estão ameaçados. Uma simples mudança na prática de jardinagem – reduzir o uso de pesticidas, por exemplo – e no tipo de plantas que você cultiva pode aliviar muito essa perda de hábitats.

Acima: Madeira morta empilhada no jardim pode servir como abrigo de inverno para rãs e tritões. Também acolhe besouros lucanídeos, carabídeos e estafilinídeos, cobras-de-vidro e centopeias, todos eles se banqueteiam com lesmas e seus ovos.

Esquerda: Paredes vivas, além de atraentes, também fornecem isolamento e ajudam a manter as edificações frescas no verão e aquecidas no inverno, reduzindo, assim, a necessidade de ar-condicionado e aquecimento central.

Abaixo: Laguinhos secos ou "valetas", em que a água flui e reflui conforme as condições climáticas, são úteis no gerenciamento da água da chuva e apresentam ótimas oportunidades de design, mesmo em pequena escala.

VERDE É BOM

22,7 milhões de famílias (87% dos lares) do Reino Unido têm acesso a um jardim. O que você faz em seu jardim pode realmente se somar aos esforços de outros.[1]

Os jardins correspondem a cerca de um quarto do território das cidades do Reino Unido. Juntos, eles constituem uma importante contribuição "verde" para nossa vizinhança.[2]

Um acréscimo de apenas 10% na vegetação ajudaria a controlar o aumento das temperaturas do ar previstas com a mudança climática.[3]

Casas com paredes mal isoladas são especialmente beneficiadas por uma camada de trepadeiras, que funcionam como isolante. Constatou-se que isso pode diminuir as contas do ar-condicionado.[4]

Jardins pequenos em centros urbanos sustentam uma fauna invertebrada (como vermes, insetos e aranhas) similar à dos jardins maiores, situados em bairros mais afastados.[5]

Algumas espécies em declínio, como a rã, o sabiá e o porco-espinho, antigamente abundantes em áreas rurais com cultivo de baixa intensidade, hoje são encontradas com mais frequência em áreas urbanas do Reino Unido.[6]

Os jardins urbanos podem abrigar mais de 250 espécies de animais silvestres. Um estudo de trinta anos em um jardim de Leicestershire, no Reino Unido, registrou 1.997 insetos, 138 invertebrados (como aranhas e tatuzinhos), 54 espécies de aves e 7 de mamíferos.[7]

A jardinagem pode contribuir indiretamente para as emissões de carbono por meio do consumo de produtos agrícolas industrializados e do emprego de ferramentas elétricas. Tente minimizar o uso desses artigos quando possível.[8]

Os jardins domésticos contêm aproximadamente 25% do total de árvores fora de áreas florestais e podem responder por até 86% do total de árvores em áreas urbanas.[9]

A cada ano, as superfícies pavimentadas de jardins crescem o dobro da área do Hyde Park de Londres, que é de 142 hectares.[10]

Dados de regiões mais quentes (Mediterrâneo, Austrália) sugerem que, à medida que as temperaturas subirem, a proporção de água usada na jardinagem doméstica aumentará 30%.[11]

Nota: Bibliografia na p. 224.

Esquerda: As plantas, a mais importante ferramenta dos jardineiros, são úteis diante dos muitos problemas ambientais enfrentados pela sociedade contemporânea.

Avaliando seu jardim

Como um quebra-cabeça, seu jardim tem vários fatores e características que se combinam para criar diferentes microclimas, enquanto outros fatores podem determinar a estética ou afetar de maneira significativa as despesas finais. Antes de mergulhar em um novo projeto, vale investir algum tempo analisando o espaço e considerando o que você tem. Mente aberta é essencial; algumas coisas podem parecer problemas no início, mas, depois, podem virar opções para um projeto interessante. Anteriormente, examinamos alguns fatores a ser considerados. Agora, vamos avaliar especificamente os que estão localizados em seu jardim.

Posição e orientação

A quantidade de luz que um jardim recebe é determinada por sua posição; ela afeta significativamente a escolha de plantas. Uma bússola será útil. Jardins voltados para o norte recebem sol quase o dia todo, enquanto os voltados para o leste recebem luz principalmente pela manhã. Terrenos voltados para o oeste recebem sol à tarde, e os terrenos voltados para o sul são os que recebem menos luz solar. Em jardins pequenos, é provável que você cultive a maioria das plantas junto aos muros e cercas; portanto, leve em conta também a orientação dessas fronteiras.

- **Fronteiras com face sul**
São geralmente frias, sombreadas e recebem pouca luz solar direta.

- **Fronteiras com face norte**
Quando combinadas com solo arenoso e bem drenado, podem ressecar as plantas rapidamente em condições de calor moderado ou intenso.

- **Fronteiras com face leste**
São muitas vezes frias. Recebem sol no início da manhã, o que pode ser difícil para perenifólias como as camélias, que podem ficar com as folhas queimadas.

- **Fronteiras com face oeste**
Recebem sol pela tarde, até anoitecer; são a melhor posição para plantas mais sensíveis ao frio.

Outro fator central na posição e na orientação é o efeito causado por árvores e edificações próximas a seu espaço. Árvores podem deixá-lo na sombra durante a maior parte do dia, o que faz um jardim voltado para o norte parecer um jardim voltado para o sul. Ou edificações próximas, cobertas de vidro espelhado, podem refletir a luz e iluminar cantos que seriam sombrios. Vale a pena passar o dia em uma espreguiçadeira (qualquer desculpa serve!) e identificar quais áreas são mais sombreadas à medida que o sol percorre o jardim.

Acima: Uma área sombreada oferece uma oportunidade maravilhosa de cultivar plantas de florestas, como samambaias, aquilégias (*Aquilegia*) e dedaleiras (*Digitalis*), além de *Tellima grandiflora* e *Geranium sylvaticum*. Não associe esses espaços a tristeza ou desalento.

Exposição ao vento

Ventos fortes podem tornar desconfortável a experiência de sentar-se ao ar livre, além de devastar as plantas, quebrando caules e folhas e reduzindo seriamente sua capacidade de se reproduzir. Também podem ressecar a folhagem mais delicada. Portanto, é importante observar qual é a direção predominante do vento em seu jardim.

Um aviso: edificações vizinhas, capazes de afunilar ou desviar ventos fortes, têm grande impacto. Similarmente, um muro em torno do jardim oferece abrigo, mas um que seja perpendicular à corrente de ar predominante criará "redemoinhos" no lado contrário ao de onde sopra o vento. É melhor usar cercas vivas ou cercas de tábuas alternadas – permeáveis, elas moderam e dissipam o vento.

Solo

Nenhum livro de jardinagem estará completo se não mencionar a importância do solo. Ele filtra e limpa a água, absorve o gás carbônico e outros gases e constitui o hábitat de membros centrais da cadeia alimentar. Obviamente, também sustenta a vegetação.

Não vou dar uma aula sobre ciência do solo – é provável que você já conheça boa parte dela. Se não conhecer, há uma série de informações *on-line* e livros que detalham o assunto. Direi isto, porém: tire algum tempo para conhecer o solo de seu jardim. Saiba como ele se comporta, se tem boa drenagem ou se fica encharcado, se é denso e difícil de cavar (algo provável em solo argiloso) ou se é seco e poeirento (provavelmente solo com grande proporção de sedimentos e areia). Dessa maneira, poderá aprender a manejá-lo com eficácia e obter os melhores resultados (para mais informações, ver o capítulo "Administrando o jardim urbano").

O solo de seu jardim vai se comportar de maneira diferente sob árvores, ao lado de muros ou no lado protegido do vento pelas edificações ao redor; portanto, não observe como ele se comporta apenas em um local. Se estiver criando um jardim em torno de uma residência recém-construída, é provável que a camada rica em nutrientes (a mais superficial) tenha sido enterrada ou poluída durante a escavação para os alicerces; você pode descobrir também que o jardim foi compactado pelo maquinário pesado, o que significa que terá de cavar mais profundamente até reavivá-lo. Acrescente bastante composto orgânico, a fim de arejar o solo e aumentar os níveis de fertilidade. A cor também oferece pistas sobre o comportamento do solo: os ricos em matéria orgânica são castanhos escuros ou pretos, esfarelam deliciosamente e são fáceis de trabalhar; solos com má drenagem têm aparência sarapintada, de cor cinzenta, preto-azulada ou avermelhada à medida que aumenta a profundidade.

Esquerda: Para que as barbas-de-cabra (*Aruncus dioicus*), os cornisos (*Cornus alba*), as *Ligularia* e as *Salix exigua* prosperem, muitas vezes é essencial ter solo rico em argila.

Abaixo: O solo não é apenas um leito para o cultivo de plantas; também serve para fazer muros de terra batida – uma das técnicas de construção mais antigas e sustentáveis do mundo.

PH

A acidez ou alcalinidade do solo é medida em horticultura por seu nível de pH. O nível de pH do solo afeta a disponibilidade de certos nutrientes. Algumas plantas, como camélias e rododendros, preferem solos ácidos (com pH abaixo de 7). Outras, como clematites e lilases (*Syringa*), preferem condições alcalinas (com um pH acima de 7), muitas vezes gredosas. Para descobrir, use um *kit* de teste simples vendido em lojas de jardinagem. Se o solo não permitir que cultive suas espécies favoritas, plante-as em recipientes com o composto certo (ver p. 192). É possível corrigir o pH – acrescentando calcário para tornar o solo mais alcalino ou enxofre para torná-lo mais ácido –, mas o solo voltará às condições originais com o tempo, portanto essa não é uma solução de longo prazo.

Características atuais

Conheço poucos jardins que sejam uma "tela em branco", por isso acho improvável que você tenha de iniciar um projeto a partir do zero. Reserve tempo para observar a posição e o estado da área. Talvez seja preciso trocar alguns elementos perigosos, ultrapassados ou velhos, ao passo que outros podem ser a inspiração para um novo projeto, ou então incorporados ao novo design. Tendo isso em mente, avalie o estado e a aparência de elementos estruturais como caminhos, pátios, muros (especialmente muros de arrimo) e cercas. Se tiver de substituí-los, faça isso antes de formar os canteiros e plantar gramados novinhos.

Paisagem "emprestada"

Seu jardim talvez não tenha vista para campos ondulantes ou para uma bela paisagem urbana (sacadas e coberturas como a exibida abaixo são uma evidente exceção), mas encare-o como parte de um quadro maior e leve em conta a paisagem do entorno, particularmente os jardins contíguos. Trepadeiras coloridas em muros e cercas, bem como árvores frondosas, fazem parte de seu espaço. Envolva-as com arbustos e plantas perenes e esmaeça os limites entre seu jardim e o do vizinho – algo que o fará parecer muito maior.

Plantas maduras

A maturidade é valiosa em qualquer jardim. Sempre que puder, preserve árvores e arbustos de grande porte saudáveis, porque substituí-los é dispendioso e sua remoção pode abrir uma lacuna difícil de preencher. Perenifólias com tamanho excessivo e próximas à casa talvez precisem ser removidas por motivos de segurança; as que estão mais longe, porém, podem ser úteis ocultando vistas desagradáveis.

Lidando com o concreto

Um jardim coberto de concreto parece um pesadelo, mas isso pode ser mudado. O que fazer: recobri-lo, removê-lo ou um pouco dos dois? Se o acesso for precário e não houver como usar máquinas, escavar manualmente uma grossa camada de concreto será um trabalho longo e exaustivo. Nesse caso, considere a possibilidade de cobrir o concreto com um deque, mantendo a estrutura inferior suspensa logo acima do antigo pavimento. Concreto em boas condições também pode ser a fundação perfeita para azulejos ou revestimentos finos – contanto que não comprometam a impermeabilidade da edificação.

Acima: Pode-se cortar os galhos das árvores que pendem sobre as fronteiras, mas isso pode prejudicar tanto ela como não ficar muito bonito. Valorize o tamanho e a estatura da árvore. Isso pode trazer outros benefícios também!

Esquerda: Em varandas e terraços, vistas como a da foto devem ser "abraçadas". Os vasos e os painéis de cedro fazem a ligação com os padrões encontrados na arquitetura do entorno.

Se a superfície estiver lisa e sem rachaduras, tinta para concreto é uma possibilidade para transformar o espaço. Outra opção é a colorização com ácido (*acid staining*): essa técnica, popular nos Estados Unidos, cria uma aparência manchada, que não se parece com concreto; contudo, só deve ser aplicada por profissionais experientes. Se decidir remover qualquer parte do concreto, terá de lidar com o solo "morto" abaixo dele. É provável que boa parte da camada fértil superior tenha sido removida antes da aplicação do concreto, deixando atrás de si apenas a camada inferior, sem fertilidade. Qualquer resquício da camada fértil enterrada sob o concreto estará estéril, compactada e geralmente em mau estado. Novamente, as opções são consertar ou substituir.

Em uma escala pequena – como canteiros abertos ao redor de um pátio coberto de concreto – é possível escavar até uns 25-30 cm e substituir a terra por solo fértil de boa qualidade, misturado com composto orgânico bem curtido.

Em uma escala maior, a substituição de todo o solo seria proibitivamente dispendiosa. Em vez disso, trate o solo em profundidade (idealmente, até a profundidade de uma pá), incorporando bastante composto orgânico para melhorar sua estrutura e recuperar os níveis de fertilidade. Quando plantar, pense na possibilidade de misturar nas covas micorrizas em pó, que podem estabelecer uma relação mutuamente benéfica com as raízes das plantas e ajudá-las a absorver água e nutrientes com mais rapidez.

Acesso

Antes de empreender qualquer trabalho de grande porte é importante considerar os pontos de acesso ao jardim, já que eles influenciam não apenas o tamanho dos materiais a escolher, mas o próprio projeto. Se o acesso só é possível através da casa, o trabalho de limpeza da área deve ser mínimo. Considere um projeto que evite a necessidade de remover toneladas de terra ou concreto manualmente (apesar que uma microescavadeira pode ser transportada por dentro de casa se o assoalho for de concreto).

Se tem em mente um projeto grande, evite danos às áreas de circulação protegendo batentes e paredes internas com plástico grosso coberto de tapumes, fixados por fita adesiva.

Direita: Se o concreto for difícil de retirar ou não puder ser removido (em uma cobertura, por exemplo), é possível construir um deque acima dele. Contudo, em uma sacada ou cobertura, assegure-se de não elevar em excesso a superfície e prejudicar a altura mínima de parapeitos do local.

Acima: Água corrente pode ajudar a disfarçar sons urbanos, mas cuide para que não seja muito vigorosa, senão trocará um ruído incômodo por outro.

Poluição sonora

A poluição sonora é muito subjetiva. Um cortador de grama pode ser um simples incômodo para algumas pessoas e uma enorme irritação para outras. Para quem mora perto de estradas movimentadas, ferrovias ou aeroportos, a poluição sonora é um problema sério. As plantas podem ajudar a suavizar o barulho, mas o plantio deve ser tão denso quanto possível. Não é apenas a barreira contra a fonte sonora que diminui seu impacto; as plantas e o solo também absorvem o som, ao passo que superfícies duras o repercutem. Em espaços pequenos, é difícil conseguir uma queda significativa de decibéis porque não há espaço para plantio extensivo. Nesse caso, paredes vivas (ver p. 144) ou paredes "acústicas", cobertas com trepadeiras e construídas de maneira semelhante à de cercas tradicionais, podem ser úteis.

Água corrente e plantas altas como bambus e gramíneas, que farfalham na brisa, podem ser uma distração, mas evite elementos aquáticos muito robustos e, portanto, barulhentos.

Privacidade

A falta de privacidade afeta drasticamente o tempo que passamos no jardim. A privacidade total é quase impossível, assim como manter níveis razoáveis de luminosidade; portanto, sempre será preciso ceder um pouco. Em geral, o foco deve recair sobre paredes ou janelas específicas das residências vizinhas com acesso visual ao jardim – uma árvore cuidadosamente situada pode ser suficiente para proteger-se do olhar alheio. Às vezes, basta a mera sugestão de intimidade – uma pérgula ou fileira de cercas vivas entrelaçadas servindo de "teto" para um espaço – para deter os vizinhos mais xeretas.

Quando há edificações altas com vista para seu espaço, aposentos dentro do jardim, criados com toldos de lona, uma pérgula ou painéis de madeira (com as ripas posicionadas obliquamente) são boas soluções. Treliças são uma opção barata, que também permite a passagem de luz e oculta vistas desagradáveis. Observe o tamanho das fendas antes de comprar a treliça – quanto menores elas forem, menos será possível enxergar, com ou sem trepadeiras.

Plantas também são perfeitas para a obtenção de privacidade. Para criar uma barreira instantânea, escolha cercas vivas trançadas, bambus (prefira os que formam touceiras, como os *Chusquea* e *Fargesia*, a bambus "rastejantes" agressivos, como os *Phyllostachys* e *Pseudosasa*) e árvores perenifólias de formato regular como as magnoleiras (*Magnolia grandiflora*).

Esquerda, topo: Vigas ou uma pérgula coberta de trepadeiras sugerem privacidade, ajudam a oferecer um "teto" ao espaço e não bloqueiam muita luz.

Esquerda: Plantas altas criam privacidade e bloqueiam vistas desagradáveis. Contudo, como levam tempo para crescer, não são uma opção instantânea. Se a necessidade for urgente, compre plantas grandes ou projete aposentos dentro do jardim em vez de tentar cercar tudo.

QUAL É A APARÊNCIA DO JARDIM URBANO?

Ao longo dos anos, os jardins urbanos evoluíram; de lugares voltados para o cultivo de plantas e a proximidade da natureza, tornaram-se lugares em que vontades e necessidades humanas passaram a ter prioridade. Em casos extremos, isso resultou em projetos nus, dominados por superfícies sólidas.

Recentemente, porém, os jardineiros descobriram maneiras de conciliar as duas abordagens, mesmo nos menores espaços. Encontrou-se um equilíbrio entre o papel tradicional do jardim e sua moderna encarnação como "aposento ao ar livre".

Essa mudança sutil não se deve apenas a uma tendência passageira; a própria filosofia por trás da criação de um jardim mudou, o que provocou impacto no planejamento e na estética desses espaços. Por um lado, a arte e outras disciplinas afins hoje inspiram os paisagistas a reinventar conceitos tradicionais, enquanto, por outro lado, preocupações ambientais, como o gerenciamento do uso de água e energia, também vêm exercendo uma influência nítida.

O que é um jardim sustentável?

Sustentabilidade é a palavra da moda nos novos tempos. Em termos simples, jardinagem sustentável é a tentativa de criar e manter um jardim causando o mínimo possível de dano ao ambiente. Para mim, um jardim sustentável é aquele que existe em harmonia com o mundo natural, que reduz seu impacto sobre recursos não renováveis (água e turfa, por exemplo), que busca alternativas para estes e no qual intervenções desnecessárias são mantidas no nível mínimo.

O "visual" sustentável

Ao contrário da crença popular, jardins sustentáveis não têm de ser informais e cheios de flores silvestres. Projetos modernos e elegantes também cumprem muitos dos requisitos da sustentabilidade ao fazer pequenas mudanças ou escolher alternativas ecológicas (você verá uma porção delas neste capítulo). No nível mais básico, isso pode significar construir um lago que não precise de bomba elétrica ou criar um jardim com o mínimo possível de cimento, que é um dos maiores responsáveis pelas emissões de gás carbônico.

De modo análogo, a sustentabilidade não é inimiga da estética – e os vencedores das exposições de floricultura contemporâneas são uma prova disso.

Ao lado: Materiais recuperados conferem ao jardim uma aparência de tempo passado, de experiências vividas. Quando usados com inteligência, ajudam a criar efeitos únicos.

Direita, acima: Muitos jardineiros contemporâneos aproveitam a oportunidade de introduzir hábitats diversos ou selecionar espécies como *Sedum* ou *Rudbeckia*, que atraem predadores benéficos.

Direita: Os jardins urbanos tornaram-se guardiões da fauna e oferecem locais de repouso e nidificação para a vida silvestre em seus deslocamentos pela cidade. Não são necessárias grandes intervenções: uma simples caixa para insetos ou uma árvore frutífera como a sorveira-brava (*Sorbus aucuparia*) podem ajudar imensamente.

A importância dos materiais

Acima: Materiais naturais como toras, usadas aqui para revestir um muro de arrimo, muitas vezes são mais baratos do que as alternativas padrão. Podem não durar tanto, mas acrescentam um bocado de personalidade. Além disso, os espaços entre as toras formam um perfeito "hotel de insetos".

A seleção de materiais é fundamental no projeto de um jardim ecológico. Todos os componentes do jardim têm impacto sobre o ambiente, mas alguns representam soluções melhores. Talvez seja necessário fazer concessões, mas elas não precisam prejudicar seu orçamento, o visual que deseja ou o uso do espaço.

QUAL É O PROBLEMA COM A TURFA?

A turfa é matéria vegetal parcialmente decomposta. Durante anos, foi o principal componente dos compostos, tomando o lugar dos desenvolvidos à base de solo por John Innes nos anos 1930. A turfa é extraída de turfeiras, e seu consumo causa danos irreparáveis a hábitats naturais preciosos. Como a turfa se forma muito lentamente – cerca de 1 mm por ano – e como as máquinas podem arrancar uma camada de mais de 23 cm por ano, colher turfa é simplesmente insustentável.

Se quiser reduzir o uso desse material, deixe de usá-lo como cobertura morta ou condicionador de solo. Ética à parte, há boas alternativas, como composto caseiro e esterco de fazenda bem curtido, que atuam tão bem quanto a turfa e contêm níveis de nutrientes mais elevados.

Se quiser reduzir o uso de turfa em vasos, compre composto sem turfa ou com baixos níveis de turfa – está escrito no pacote; para garantir a qualidade, compre o melhor que conseguir.

Pontos a considerar

Ao planejar o jardim, um dos principais fatores a considerar são os custos de energia. Quanta energia será usada na extração, produção e transporte de materiais? Os importados podem custar menos, mas podem ter feito uma longa viagem e queimado combustível ao longo de muitos quilômetros para chegar até você.

O uso de materiais reciclados ou recuperados e de novidades "estilosas" é uma maneira fácil de aprimorar suas credenciais verdes, mas pesquise os preços antes de tomar uma decisão.

Madeira certificada deve ser a primeira escolha para seu jardim. Procure o selo do FSC Brasil (Conselho Brasileiro de Manejo Florestal, departamento brasileiro do Forest Stewardship Council) e do Cerflor (Programa Brasileiro de Certificação Florestal, reconhecido internacionalmente pelo Program for the Endorsement of Forest Certification – PEFC). Esses selos atestam que a madeira provém de uma fonte sustentável, não de uma área de desmatamento ilegal.

Instalação

A maneira como o material é instalado também é importante. A produção de concreto é um processo muito

Direita: A madeira é um dos materiais favoritos de muitos paisagistas (eu, inclusive); certifique-se de que provém de uma fonte sustentável.

poluente, e o concreto é um dos grandes responsáveis pela formação das ilhas de calor (ver p. 11). Muros de pedra sem argamassa, de *cob* (mistura de argila, areia e palha) ou terra batida – ou mesmo uma cerca viva densa – não seriam igualmente eficientes? Do mesmo modo, materiais soltos como cascalho, ou placas e tijolos de argila dispostos em areia compactada, são uma alternativa quando não há necessidade de pavimentação sólida. Como são permeáveis, eles permitem que a água escoe mais naturalmente.

Pense em como o material se comportará depois de instalado e como poderá ser descartado. A manutenção exige o uso de substâncias químicas perigosas? Será que o pavimento sólido canalizará água para bueiros já sobrecarregados? Os plásticos poderão ser reciclados facilmente?

Uma nova estética?

A onda da sustentabilidade impulsionou o uso de materiais renováveis como carvalho verde, bambu, plantas (sim, plantas!) e materiais naturais, como pedras empilhadas e cascalho (apesar de a extração desses minerais não ser inócua ao ambiente). Contudo, não é necessário usar a etiqueta ecológica como uma camisa de força; use-a para fazer escolhas conscientes. Continue a comprar novos materiais e tecnologias modernas (em especial se forem mais eficientes energeticamente); apenas investigue com cuidado sua origem, produção e comportamento ao longo do tempo antes de decidir.

Uma nova postura

Não foi apenas a maneira de planejar nossos jardins que mudou; a forma como os encaramos também evoluiu. O uso de pesticidas está diminuindo graças à crescente preocupação com seu impacto sobre as abelhas e a vida silvestre, assim como sobre as nossas fontes de alimento. A mudança climática afeta a maneira de irrigar nossas plantas. Para fazer frente a possíveis períodos de escassez de água, hoje são comuns estratégias cuidadosas de manejo do solo, como o uso de cobertura morta para manter a umidade e de plantas tolerantes à seca. O adágio "a planta certa no lugar certo" está sendo levado mais a sério do que nunca (ver p. 105). Plantas felizes são plantas saudáveis, com menos necessidade de água e da ajuda química de fertilizantes e pesticidas.

Este capítulo examina temas centrais a serem considerados no jardim urbano moderno. A maioria deles diz respeito à maneira como vivemos (ou gostaríamos de viver!), mas alguns se voltam para questões importantes, como a conservação da vida silvestre e da biodiversidade.

Abaixo: Há muitas alternativas ecológicas aos materiais tradicionais. Estes degraus parecem concreto, mas, na verdade, são feitos de CDs reciclados.

10 ESTRATÉGIAS SIMPLES PARA TER UM JARDIM "VERDE"

1. Fomente a vida silvestre.
2. Evite ou restrinja o uso de pesticidas e fertilizantes químicos.
3. Escolha a planta certa para o lugar certo.
4. Seja um jardineiro orgânico.
5. Produza seu próprio composto.
6. Cultive algumas frutas e hortaliças.
7. Evite o uso de turfa.
8. Administre o uso da água e economize sempre que possível.
9. Aplique cobertura morta regularmente.
10. Reutilize, recicle e compre materiais reciclados ou recuperados.

Acima: Produzir o próprio composto é muito fácil e, sem dúvida, a maneira mais simples de aprimorar suas credenciais verdes.

Centro, acima: Plantas com flores bem abertas, como as *Echinacea*, ou ricas em néctar, como as *Echinops*, atraem predadores naturais, assim você pode economizar nos pesticidas.

Centro, abaixo: Cultivar hortaliças e frutas, especialmente se propagadas por você, é uma maneira de reduzir sua pegada de carbono.

Abaixo: Plantas resistentes à seca, como cactos e suculentas, quase não requerem cuidados nem água. Se planeja mantê-las ao ar livre no inverno, escolha espécies resistentes ao frio – como as *Sempervivum* e *Sedum*.

Acima: Tendo em mente o tamanho e a "falta de paisagem", o jardineiro urbano deve criar elos com a arquitetura da casa, como fez o responsável por este projeto.

Direita: Uma arquitetura audaciosa pede um paisagismo à altura. Aqui, padrões da edificação podem ser imediatamente percebidos no jardim. Essa simplicidade deve ser sempre valorizada.

O "estilo" urbano

Os jardins urbanos podem exibir influências de vários estilos e temas – formal, informal, campestre, tropical, modernista, para citar apenas alguns –, todos eles misturados em um vaso de criatividade. Naturalmente, a sustentabilidade deve estar presente. Vale quase tudo, já que a maioria dos jardins urbanos não é afetada pelo ambiente ao redor e, portanto, há menos necessidade de integração com o que está fora de seus limites – jardins na frente da casa, sacadas e coberturas são óbvias exceções.

Uma abordagem minimalista em geral funciona melhor; uma execução discreta é importante, especialmente se você tiver em mente um tema bem conhecido. Tente captar a essência em vez de criar o pastiche de um tema ou, pior ainda, de dois ou mais. Por exemplo, um exemplar completo de jardim italiano, islâmico ou japonês pode ficar estranho longe de seu local de origem.

Criando elos

Um jardim urbano deve se ligar visualmente à casa – em particular à sua arquitetura – o que, por sua vez, esmaece os limites entre os dois. Para alcançar esse resultado, pense nas proporções das portas e janelas, nos formatos da fachada, até mesmo sua cor, e use-os do lado de fora.

Para fundir casa e jardim, muitos projetos exibem layout geométrico, muitas vezes retilíneo. É uma característica comum do design formal clássico e do estilo modernista. As linhas puras são comuns, seja o layout simétrico ou assimétrico.

Projetos de jardins baseados em quadrados ou retângulos estabelecem uma relação e fazem bom uso do espaço. Para um projeto mais dinâmico, podem ser dispostos em ângulo ao longo de linhas diagonais (30° ou 45° é o mais comum),

estratégia que também faz o jardim parecer maior; o olhar é atraído para as laterais, não apenas para o fundo.

Em posição central, formas circulares ou ovais são maneiras tradicionais de concentrar a atenção no meio do jardim (desviando-a, por exemplo, de partes feias ao redor). Também funcionam muito bem quando o jardim é visto de cima.

Arcos suaves criam um visual mais relaxado e orgânico e contrastam com formas geométricas. Tente evitar curvas muito elaboradas, que são difíceis de interpretar, difíceis de cortar se estiverem em um gramado, ou dispendiosas, se houver necessidade de acomodá-las a um pavimento de pedra.

Jardins maiores podem receber projetos mais informais, mas, mesmo nesse caso, o primeiro terço do jardim geralmente refletirá a arquitetura da casa e estabelecerá aquele elo fundamental.

ESTUDO DE CASO

Minimalismo moderno e descontraído

Este jardim urbano do paisagista e arquiteto Christopher Bradley-Hole exibe uma estrutura simples, mas vigorosa, combinada com detalhes muito bem pensados – qualidades essenciais em qualquer projeto paisagístico. Apesar de concluído em 2004, o jardim continua atemporal.

Boa parte do projeto é sublinhada pelo movimento modernista, caracterizado por linhas puras, geometria forte e assimétrica e uma elegante estética arquitetônica. Essas características funcionam particularmente bem em jardins urbanos. Pense em uma pintura de Mondrian ou nos edifícios de Le Corbusier e Ludwig Mies van der Rohe e terá ideia do que se trata.

Um layout imediatamente "legível" é importante para todos os jardins urbanos, sobretudo nos modernistas. Aqui, o projeto é sustentado por uma geometria retilínea audaciosa (característica comum dos jardins desse estilo) que também se manifesta vigorosamente nos elementos verticais – especialmente na cerca, nos bancos de pedra-de-york e nas cercas vivas de teixo (*Taxus*). Esses componentes não apenas reforçam o padrão, mas, juntamente com os pés de *Amelanchie*, com seus múltiplos troncos, criam o necessário contraste com os elementos horizontais, o que, novamente, é um traço comum dos jardins modernistas.

A obsessão com os detalhes está na alma do jardim

Acima: Trechos de cerca viva e *Amelanchier* ajudam a abrigar e ocultar o terraço do restante do jardim.

modernista, mas também pode ser encontrada em qualquer projeto de inspiração geométrica. Muitas vezes, o paisagista suprime todos os detalhes supérfluos em troca de uma simplicidade honesta. Essa abordagem se evidencia aqui tanto na junta superfina entre as placas de pedra-de-york como na natureza elegante e despojada da cerca de madeira e dos bancos de pedra, ambos feitos sob medida.

Ainda que minimalistas, jardins como este ganham cor, textura e interesse sazonal graças às espécies ornamentais que abrigam.

Acima: Bancos de madeira polida reforçam a geometria deste projeto e – importante – colocam um "ponto final" no espaço. Sua natureza escultural é uma qualidade a mais.

À direita e abaixo: *Geranium phaeum* var. *phaeum* "Samobor", *Euphorbia* x *martini* e *Anemanthele lessoniana* – plantados em meio a cascalho para dar contraste – removem qualquer severidade do layout.

POR QUE ESTE JARDIM FUNCIONA

- Layout geométrico com materiais complementares que se fundem belamente.
- Divisão inteligente do espaço, com o uso de plantas e cercas vivas.
- Plantas em abundância, inclusive espécies de baixa manutenção e tolerantes à falta de água, contrastam com a geometria retilínea e a suaviza.
- "Ambientes" de tamanho generoso fazem o jardim parecer maior do que realmente é.

Jardins cultivados

Plantas são essenciais em todos os jardins, mais ainda em um ambiente urbano, rodeado de concreto cinzento. Para algumas pessoas, é claro, as plantas *são* o jardim, e elas se irritam se não passam o dia inteiro às voltas com mudas e composto.

Estilo urbano de plantio

Os jardins urbanos tradicionais muitas vezes miniaturizaram o plantio encontrado em seus parentes rurais, os jardins campestres. Atualmente, porém, o mais comum é um conjunto despojado, de baixa manutenção, com plantas que sejam de interesse o ano inteiro e com atrativos arquitetônicos. Como demonstra o jardim de Catherine Heatherington na p. 64, dar respaldo à vida silvestre também é uma consideração importante.

Quando o espaço é limitado, os paisagistas levam em conta as outras funções que as plantas podem executar, como proporcionar privacidade e isolamento e contribuir para a estrutura do jardim, distinguindo um espaço de outro.

Design espacial com plantas

Na casa, paredes e tetos dividem o que seria uma planta aberta em uma série de espaços mais íntimos, cada um com papéis e funções específicas, como cozinhar, dormir ou trabalhar. Na prática, sem esse delineamento do espaço, seria impossível impedir que uma atividade tivesse impacto sobre a atividade vizinha. Do ponto de vista do design, paredes e tetos também ajudam a conferir aos espaços sua identidade, além de instigar a curiosidade (por exemplo, o que há depois da esquina?), criar focos visuais na passagem de um espaço para outro e determinar a experiência que se tem ao circular pela casa.

As plantas dos jardins urbanos podem fazer as mesmas coisas – e não conheço nenhuma parede que ofereça um perfume tão encantador! Plantas também são muito mais baratas, mesmo que você as compre já crescidas para conseguir efeitos imediatos.

Um paraíso vegetal?

Neste livro, você encontrará muitos jardins urbanos contemporâneos com uma base formal de perenifólias arquitetônicas e cercas vivas podadas ou topiaria; elas reforçam o layout e ajudam a criar vínculos com a arquitetura circundante. Contudo, alguns paisagistas adotam a abordagem

oposta, incluindo extensas coleções informais que suavizam ou ocultam completamente as linhas rígidas.

Um projeto paisagístico repleto de plantas ajuda a esmaecer as fronteiras entre seu jardim e o vizinho, o que o fará parecer maior. Um jardim cheio de plantas também pode transportá-lo para outro lugar – um aconchegante chalé no campo ou um paraíso na selva.

A manutenção é certamente uma importante consideração nessa abordagem; porém, mesmo um jardim repleto de plantas pode não ocupar muito tempo se você fizer escolhas que levem em conta as características do espaço.

Esquerda: Observe como este plantio denso complementa com perfeição a arquitetura moderna do edifício.

Abaixo: Para muitas pessoas, o jardim é uma verdadeira "injeção de verde" – e neste projeto a seringa está cheia!

ESTUDO DE CASO

Uma calma floresta no quintal

Um estilo formal contemporâneo e uma descontraída abundância sobressaem nesta selva serena do paisagista Tom Stuart-Smith. Ele mostra que é possível obter o melhor de dois mundos, mesmo em um espaço pequeno.

Despertar interesse o ano todo era uma exigência do cliente, mas o solo argiloso do jardim (aprimorado com pedrisco e composto) e as condições de meia-sombra também contribuíram para as escolhas.

Marcantes fetos arbóreos (*Dicksonia antarctica*) dominam o layout, conferindo altura a todo o jardim, e suas frondes plumosas sombreiam os limites e as plantas abaixo. Em um nível mais baixo crescem buxos (*Buxus*) (podados em esferas de vários tamanhos) e a semiperenifólia *Hakonechloa macra*, enquanto as *Galanthus* se destacam na primavera.

O monocromatismo do projeto chama atenção de imediato; em vez da cor, forma e textura se destacam na escolha das plantas e também no revestimento de madeira de lei, no terraço de concreto polido e no caminho de cacos de granito. O caminho leva a uma caixa de areia para os filhos do proprietário.

Com uma coleção tão limitada de espécies, a manutenção é mínima. Apenas as esferas de buxo precisam de podas para manter o formato. O tapete de *Hakonechloa macra* inibe as ervas daninhas, e nem mesmo os exóticos fetos arbóreos exigem manutenção regular. Em jardins quentes e abrigados como este, eles conservam as folhas durante o ano inteiro e não precisam ser envolvidos em mantas, a menos que se esperem temperaturas especialmente baixas.

Também foram incluídas hortênsias trepadeiras (*Hydrangea anômala* subsp. *Pettiolaris*), criando atraentes padrões sobre as elegantes faixas de madeira que revestem os muros.

Esquerda: A repetição e a mera escala de poucas espécies vegetais conferem grande impacto ao projeto.

Abaixo: É importante levar em conta a visão que se tem de dentro da casa. Por todos os ângulos, o jardim deve nos convidar a sair.

POR QUE ESTE JARDIM FUNCIONA

- Exemplo sublime de simplicidade e comedimento.
- Projeto funcional, adequado para crianças.
- Justaposição cuidadosa de padrão, forma e textura.
- Coleção despojada de plantas e materiais fáceis de manter, repetidos para dar unidade à composição.

Acima: Embora o plantio seja informal e abundante, ele complementa à perfeição a geometria vigorosa da casa.

Jardins de estar

O conceito de "aposento ao ar livre" recebeu vários nomes ao longo dos anos – "sala viva", "quinto quarto", "sala verde" –, mas a ideia original, introduzida por John Brookes e pelo paisagista modernista Thomas Church, continua relevante, especialmente nos jardins urbanos.

Afinal, hoje em dia os jardins urbanos são usados de todas as maneiras imagináveis, muitas vezes para atividades originalmente executadas dentro de casa, como distrair-se, dormir, trabalhar, ou mesmo ver televisão!

Um espaço para relaxar

É provável que você passe boa parte do tempo sentado no jardim e, portanto, uma área espaçosa para jantar, com mesa e cadeiras – ou apenas espreguiçadeiras se as dimensões forem restritas – geralmente é uma das principais prioridades. Para facilitar o uso, é melhor que essa área fique junto à casa. Com espaço suficiente, é possível combinar ambientes formais e informais.

A mobília é um grande elemento do design e parte importante da estrutura do jardim urbano; por isso, pense nela logo no início do projeto. O estilo ou tema de seu jardim determinará os materiais, tecidos e acabamentos.

Churrasqueiras e fornos

Cozinhar do lado de fora em uma tarde quente pode ser um enorme prazer. A maioria de nós se contenta com uma simples churrasqueira portátil, embora os modelos de alvenaria também façam sucessos, especialmente se tiverem uma cobertura que permita o uso em qualquer condição climática.

Um forno para pizza também pode ser uma opção interessante para o lazer ao ar livre.

Banheiras e chuveiros

Atualmente, banheiras de hidromassagem não são exclusividade dos ricos e famosos; modelos menores, para uma pessoa, revestidos em cedro, ou ofurôs são bonitos e cabem nos orçamentos mais modestos. É essencial instalar uma lona para impedir o acúmulo de folhas, além de uma cobertura, caso pretenda usar a banheira o ano todo.

Uma alternativa mais barata é um chuveiro ao ar livre. A opção mais fácil é instalá-lo junto à parede da cozinha ou do banheiro, de modo que o encanador possa aproveitar a tubulação. Como será necessário garantir a privacidade, inclua nos custos paredes azulejadas, ou então anteparos mais baratos, feitos de bambu, urze ou vime.

Duchas de água fria são boas para os dias quentes, mas a água de um chuveiro elétrico será agradável o ano todo. Para economizar energia e recursos naturais, o aquecimento também pode ser feito por painéis solares ou bombas de calor.

Ao lado, em cima: Os "puxadinhos" nunca foram tão populares, mas lembre que eles exigem eletricidade, aquecimento e principalmente isolamento. Há muitos anexos projetados especialmente para o ar livre, em forma de *kits*, que cabem nos menores espaços.

Ao lado, embaixo: Se pretende receber amigos, uma boa área para refeições é essencial. Reserve a ela o maior espaço possível.

Direita: Quando há espaço disponível, uma pequena piscina ao ar livre é um luxo encantador, sobretudo para famílias com crianças. Se seu orçamento for mais modesto, opte por banheiras ou ofurôs.

ESTUDO DE CASO

Lazer ao ar livre

Projetado por Charlotte Rowe para os dois proprietários desta casa em Londres, o jardim é um aposento ao ar livre que une estilo e funcionalidade, na tradição dos jardins australianos e californianos, onde estar ao ar livre é um modo de vida.

O jardim tem como destaque uma ampla área para refeições, grande o suficiente para acomodar confortavelmente dez pessoas, uma cozinha embutida feita sob medida no canto mais abrigado e um *lounge* informal com cadeiras confortáveis para relaxar com os amigos.

A cozinha inclui uma brilhante churrasqueira de inox ligada à tubulação de gás. Importante: toda a área de refeições se harmoniza; churrasqueiras e cozinhas embutidas devem ter boa aparência o tempo todo, estejam ou não em uso, especialmente em climas frios.

Se não tiver espaço ou dinheiro para uma cozinha completa, opte por churrasqueiras portáteis – há modelos com chapas, grelhas e espetos giratórios. As que têm rodas podem ser guardadas quando não estiverem em uso.

A atenção com os detalhes é evidente no projeto. A superfície principal, de basalto polido preto e azul, é complementada por paredes cor de marfim (a mesma cor da casa) e lajotas gigantes de *limestone*. O mesmo *limestone* destaca-se em todo o assoalho do térreo, de modo que usá-lo ao ar livre mais uma vez fortalece a ligação entre o interior e o exterior.

Acima: Placas de *limestone* formam uma ponte sobre a água, que desce do nível superior por meio de degraus.

Direita: Armários embutidos cobertos de *limestone* cinzento armazenam a parafernália da cozinha.

Abaixo: Com uma fachada gigante de vidro e a repetição de materiais, a transição do interior para o exterior é quase imperceptível.

Acima: Para ter privacidade, carpas--europeias (*Carpinus betulus* 'Fastigiata') foram plantadas e escondem uma academia de ginástica logo atrás. Foram podadas pelo paisagista para estarem em tamanho proporcional.

Neste projeto, as vontades e necessidades humanas têm prioridade sobre a jardinagem. Ainda assim, teixos (*Taxus*) e buxos (*Buxus*) podados, juntamente com plantas perenes de baixa manutenção, como *Geum* "Prinses Juliana", *Achillea* "Terracotta", *Salvia nemorosa* "Caradonna", *Agapanthus* "Enigma", *Hakonechloa macra* e *Helleborus argutifolius*, foram acrescentados para deixar o espaço mais "verde".

POR QUE ESTE JARDIM FUNCIONA

- Áreas espaçosas e versáteis para comer, divertir-se, descansar e relaxar.
- Detalhes audaciosos (por exemplo, a mobília, os vasos e o uso da água) reforçam a geometria pura do design.
- Plantas fáceis de cuidar proporcionam privacidade, dão um tom "verde" ao layout e suavizam as linhas rígidas.

Espaços híbridos

Nos últimos 15 anos, os avanços na tecnologia da produção de vidro e do isolamento levaram o conceito de "sala ao ar livre" para outro patamar. Muitas residências novas ou extensões exibem enormes portas e janelas de vidro, que literalmente integram o jardim à casa.

Um layout evidente

Quando o jardim pode ser visto de vários pontos da residência, o melhor é adotar um layout evidente, facilmente identificável – que funcione visualmente não apenas no nível térreo, mas também no primeiro e no segundo andar se necessário (outro motivo que torna essencial uma geometria forte e sem rebuscamento). Para decidir a densidade da vegetação, bem como a posição dos pontos focais que vão capturar o olhar do espectador, examine o jardim a partir de cada porta ou janela que dê vista para ele.

Conexões

A maneira mais fácil de estabelecer conexões e amenizar as fronteiras é levar um pouco do que está dentro para fora da casa. A mobília interna pode ajudar na seleção das plantas, assim como a cor das tintas usadas no interior pode inspirar cores similares em muros isolados. Canteiros elevados podem até mesmo espelhar a cor e a altura dos armários de cozinha. A iluminação é particularmente útil, com muitos efeitos inspirados pelo design de interiores e de teatros (mais informações sobre iluminação na p. 50).

O uso de pisos que se prolongam da casa para o jardim é a técnica de unificação mais óbvia. Contudo, apesar de alguns materiais poderem ser usados dentro e fora da casa – ardósia, arenito ou travertino à prova de intempéries, por exemplo –, geralmente se emprega no exterior outro piso de cor ou tamanho similar, por causa da necessidade de acabamento diferente (para evitar escorregões é essencial que seja levemente texturizado) ou de um material mais grosso (embora isso dependa do contrapiso ou da fundação). É importante lembrar que o piso usado no exterior deve resistir às intempéries e à umidade.

Mesmo que consiga usar o mesmo material nas partes interna e externa, não esqueça que o desta última envelhecerá de maneira diferente por estar exposto ao tempo.

Acima: Abertas, estas portas-balcões revelam um espaço híbrido leve e arejado. O emprego do mesmo piso apaga completamente a fronteira entre interior e exterior.

Ao lado: Com uma vista assim, é difícil identificar onde a casa termina e o jardim começa!

Evitando umidade

Um piso nivelado entre as partes interna e externa da casa cria uma transição imperceptível, mas, para conseguir isso, não basta erguer um pátio ou terraço ao nível do piso interno – a altura da camada de impermeabilização precisa ser considerada. Se construir acima dessa camada, a umidade vai se acumular – e rapidamente. No caso de uma nova edificação, pode-se prever uma camada de impermeabilização alta na fase de projeto; se não for esse o caso, canaletas preenchidas com cascalho e canais de drenagem instalados na divisa entre interior e exterior são possíveis soluções, mas sempre consulte um profissional para esse tipo de serviço.

Abaixo: Aqui, a pavimentação foi cortada e assentada de tal modo que as juntas entre as lajotas atraíam o olhar para cima e para fora do jardim, onde, ao fim dessa viagem visual, o espectador é recompensado com a visão de esculturas e da espreguiçadeira amarela.

ESTUDO DE CASO

União do passado e do presente

Adoro este projeto por sua elegante simplicidade. Apesar de já contar mais de 10 anos, ainda é um dos meus favoritos. Talvez você ache que uma década é tempo demais, e que o paisagismo avançou significativamente desde então, mas um projeto de qualidade não fica datado – é atemporal.

Este jardim pertence ao arquiteto Rupert Wheeler e foi projetado em colaboração com o vizinho, Paul Gazerwitz (da del Buono Gazerwitz Landscape Architecture). Originalmente, o pátio era uma oficina coberta que Rupert removeu para abrir espaço para o jardim. Em uma homenagem ao passado, foram preservados vestígios da antiga oficina, entre os quais se destacam as vigas de aço – a estrutura de apoio do antigo teto. Elas têm natureza escultural, emolduram a vista e ainda servem de apoio para grandes roseiras trepadeiras (*Rosa*).

O jardim evoca um pátio na Provença – uma ambiência muito desejada pelos proprietários –, e isso se reflete na escolha dos revestimentos e outros detalhes como assentos e vasos. Isso e o aspecto sombreado foram uma grande influência também na escolha das plantas, com predomínio do branco, que se destaca à noite. A voluptuosa *Hydrangea arborescens* "Annabelle", a vistosa roseira (*Rosa* "Rambling Rector"), a íris japonesa (*Iris japonica*) e a *Erigeron karvinskianus*, uma flor de origem mexicana que se propaga sozinha, contribuem para a atmosfera relaxada. Do mesmo modo, o verde luzidio do copo-de-leite (*Zantedeschia aethiopica*) e do buxo (*Buxus*), aliado a um espelho d'água que transborda para um pequeno compartimento abaixo do nível do solo, ajudam a introduzir luz na sombra.

O segredo deste projeto é a relação entre a casa e o jardim, vista de todos os ângulos. Os materiais – sutil combinação de tradição e modernidade – oferecem formas e texturas contrastantes.

Esquerda: Belas vistas da área plantada e de outros elementos podem ser apreciadas através da fachada de vidro no térreo.

Abaixo: Concebido como uma pintura, o jardim é fantástico de todos os ângulos.

Acima: O grande corrimão dirige o olhar para o espaço, enquanto os buxos arredondados atuam como pausas visuais para o foco principal – o vaso cretense ao fundo.

POR QUE ESTE JARDIM FUNCIONA

- Projeto generoso e elegante, com marcas do tempo.
- O layout aberto aproveita ao máximo o espaço limitado.
- Seleção de materiais ecológicos, sustentáveis e econômicos.
- Vistas ininterruptas em todo o jardim.
- Mistura complementar de detalhes modernos e tradicionais.

Acima: O mercado oferece luzes de neon e LEDs (diodos emissores de luz), mas a maioria dos paisagistas prefere iluminação branca, simples e sutil.

Esquerda: Iluminar a água é divertido e cria uma atmosfera etérea. A água em movimento projeta padrões brilhantes nas superfícies próximas, enquanto a água parada reflete a paisagem.

Jardins noturnos

Um jardim urbano só alcança seu pleno potencial quando "funciona" bem à noite. Valendo-se de uma iluminação estratégica e de plantas que exalam perfume após o crepúsculo, você poderá tornar o tempo passado ao ar livre mais agradável ainda.

A iluminação pode ser decorativa, funcional ou – de preferência – as duas coisas. Mantenha a simplicidade e pergunte-se onde e por que vai usá-la. Há muitos equipamentos e acessórios diferentes e vários efeitos que vale a pena considerar – por exemplo, feixes dirigidos para cima ou para baixo, *grazing* (iluminação que destaca a textura da parede), *moonlighting* (efeito de luar), *silhouetting* (luzes de silhueta) e *shadowing* (sombreamento). Não exagere, porém.

FONTES DE ENERGIA

As luzes do jardim podem ser acionadas por uma fonte de baixa voltagem ou estar diretamente ligadas à rede principal. Em ambos os casos, a instalação deve ficar a cargo de um eletricista, embora alguns equipamentos de baixa voltagem possam ser instalados por amadores, desde que a fonte de energia – geralmente uma tomada à prova d'água com um dispositivo de corrente residual (RCD) – já tenha sido implantada na área externa.
A iluminação de baixa voltagem é mais fácil de instalar, mais segura e também mais flexível, principalmente se forem deixados cabos longos que permitam mudar as luzes de lugar quando necessário.

Chama natural

Velas são ecológicas: acondicionadas em recipientes de vidro ou em lampiões, custam pouco e dão um lindo efeito. Braseiros e fogo de chão também ficam ótimos e trazem luz e calor. Além disso, são mais ecológicos do que aquecedores externos a gás ou eletricidade. Se houver crianças na casa, escolha um modelo com proteção contra fagulhas.

Vizinhos e animais

É preciso levar em conta possíveis perturbações para os vizinhos e a fauna. Mariposas, morcegos e corujas ficam desorientados com a luz artificial, que também pode ofuscar outros animais. O melhor e mais econômico é usar iluminação controlada manualmente, sensores infravermelhos passivos ou um *timer* programável. Para evitar ofuscamento, use luminárias com uma aba ou "pestana".

Perfumes noturnos

Muitas plantas reservam seu perfume para o entardecer e a noite. Experimente boas-noites (*Ipomoea alba*), boas-tardes (*Oenothera*), goiveiros (*Matthiola longipetala* subsp. *Bicornis*), jasmins-de-leite (*Trachelospermum jasminoides*) e *Zaluzianskya capensis*. As mariposas também vão adorar.

Ao lado: Se um generoso fogo ao ar livre não fizer a família e as visitas sentirem vontade de sair de casa, nada o fará!

ESTUDO DE CASO

Luz fantástica

À noite, este jardim ganha um ar sobrenatural. É um aposento ao ar livre cheio de estilo e ao mesmo tempo funcional, pois proporciona diversão – sobretudo após o entardecer –, uma prioridade na lista de pedidos feitos pelo proprietário à paisagista Claire Mee.

Os vários efeitos de iluminação foram projetados para otimizar todas as vistas descortinadas a partir da casa, mesmo no inverno. "Nessa época do ano, o jardim parece imóvel – como uma pintura", diz Claire.

Vasos altos posicionados em frente à janela da cozinha formam um elemento escultural central; à noite, eles são discretamente iluminados por *spots* instalados no deque abaixo. (Adoro iluminar por baixo topiaria e árvores, especialmente as que têm cascas rústicas ou que se desprendem do tronco, como a *Betula nigra*.)

Um *spot* na base de uma parede de tijolo ou pedra pode proporcionar um maravilhoso efeito, já que a luz percorre a superfície e destaca sua textura. Aqui, a paisagista "banhou" em luz os painéis de aço patinável, criando um brilho quente

Direita: Apesar de o entretenimento noturno estar na lista de prioridades do cliente, o projeto também funciona bem durante o dia.

POR QUE ESTE JARDIM FUNCIONA

- Usa um layout com foco.
- Técnicas de iluminação sutis, mas atraentes, definem o layout à noite.
- Valoriza detalhes que funcionam melhor quando iluminados.
- Usa materiais confortáveis e de linhas limpas, ideais para o lazer ao ar livre.
- Aposta em uma seleção de plantas audaciosa, mas que exige pouca manutenção.

Acima: A instalação inteira é controlada por um painel programável, com luzes em circuitos diferentes. Isso permite aos proprietários criar diferentes efeitos, mas tudo pode ser programado para se desligar quando não estiver em uso.

Direita: Diferentes efeitos de luz se combinam para criar uma atmosfera maravilhosa quando anoitece.

e ígneo que destaca sua textura sutilmente ferruginosa. Com uma luz fixada na parede acima, seria possível criar o padrão contrário.

A iluminação de fundo destaca a silhueta do bambu, mas com a parede vazia atrás, um efeito de sombreamento funcionaria igualmente bem. Com um *spot* posicionado diante de perenifólias como o agave e o fórmio, a superfície por trás atua como uma tela de projetor, refletindo sombras fantasmagóricas.

Claire projeta seus próprios esquemas de iluminação, mas, como qualquer paisagista experiente, usa um eletricista qualificado para prestar consultoria e realizar a instalação. Apesar de alguns sistemas de baixa voltagem poderem ser instalados por amadores, projetos mais ambiciosos exigem um profissional.

Jardins para famílias

O jardim urbano voltado para a família tem de satisfazer a todos, portanto flexibilidade é essencial. Nunca crie um jardim especificamente voltado para crianças: ele ficará datado rapidamente à medida que elas crescerem e seus interesses mudarem. Concentre-se em áreas multifuncionais de tamanho generoso, que todos possam usar, seja para trabalhar, seja para descansar ou brincar.

Esquerda: Segurança em primeiro lugar. Aqui, o deque liso, a grama artificial e os canteiros profundos, de bordas arredondadas, mantêm as crianças longe do perigo, o que torna esta espaçosa sacada um local seguro para brincadeiras.

Abaixo: Que solução brilhante para a família! Os pais podem monitorar o que está acontecendo e, ainda assim, as crianças estão livres para explorar em segurança. Quando elas crescerem, a caixa de areia poderá ser eliminada facilmente – e sem grandes gastos.

Espaço vital

O pátio ou terraço às vezes tem de acomodar mobília de jantar, churrasqueira e trenzinho elétrico ao mesmo tempo. Portanto, tente torná-lo o mais espaçoso possível. Pavimentos ou deques lisos são as melhores superfícies, já que são resistentes, confortáveis e permitem a passagem de rodas.

Um gramado atrairá toda a família, mas logo mostrará sinais de desgaste e, ademais, não poderá ser usado em todas as estações. Nessas circunstâncias, um gramado artificial permeável pode ser a melhor opção (ver p. 139).

Se reservar uma área só para brincadeiras, a diversão estará garantida – e os brinquedos permanecerão em seu lugar. Tente isolá-la bem, usando plantas entrelaçadas, biombos ou treliças. Assim, as crianças poderão se entregar à imaginação, em aparente segredo, mas sempre sob sua vigilância. Mesmo em jardins bem pequenos, muitas vezes há espaço para uma caixa de areia bem projetada (coberta), um balanço na árvore ou uma robusta pérgula.

Água

Crianças de todas as idades adoram água, mas a segurança é de importância vital. Para as mais jovens, o melhor são cascatas, repuxos ou fontes borbulhantes, com um reservatório subterrâneo oculto. Para crianças mais velhas, um laguinho com peixes e outros animais pode garantir entretenimento durante horas, mas, se houver bebês por perto, a água deve ser coberta com grelhas de segurança, que podem ficar ocultas sob a superfície.

Plantas resistentes

No jardim de famílias com crianças, as plantas devem ser fáceis de cuidar e fortes o bastante para aguentar uma bolada. Perenifólias arquitetônicas, gramíneas ornamentais, ervas perenes robustas como a milefólio (*Achillea*), além de arbustos capazes de abrigar pássaros e outros animaizinhos, são ótimas opções. Evite, é claro, plantas espinhosas, venenosas ou urticantes.

Produção própria

As crianças adoram cultivar suas próprias frutas e hortaliças – e a maioria gosta de saborear os resultados! Reserve um espaço para isso, nem que seja uma tina. A área destinada à "horta" deve ser ensolarada, fácil de cavar e, obviamente, fértil. Invista em flores e hortaliças de rápido crescimento – as crianças são impacientes! Rabanetes, folhagens para salada e calêndulas (*Calendula*) começam a produzir em apenas seis semanas. Isso sem falar nos morangos, que sempre fazem sucesso.

Acima: Ao contrário dos brinquedos de plástico, que podem poluir o visual do jardim, os de madeira não chamam atenção e caem bem mesmo em espaços pequenos.

Abaixo: Dê às crianças algumas pedras grandes, uma ladeira suave ou um simples caminho de pedra como este – e elas inventarão seus próprios jogos por horas a fio.

ESTUDO DE CASO

Diversão para toda a família

Este jardim contemporâneo para uma família com crianças pequenas atende – e supera – todas as expectativas. Para criá-lo, Stuart Craine astutamente dividiu o espaço em três áreas distintas, cada uma sutilmente separada da outra.

Juntos, as gigantescas portas de vidro e o deque do terraço esmaecem as fronteiras entre interior e exterior – uma das principais exigências dos clientes sul-africanos de Stuart. Os canteiros elevados também servem como assentos – ou plataformas de onde saltar – e uma brilhante parede de água inteligentemente posicionada (ver foto ao lado, no topo) atrai o olhar de dentro da casa.

Comer ao ar livre com a família era importante para o cliente, por isso o jardim ganhou um generoso espaço para churrasqueira e cadeiras. Essa parte fica em um nível mais baixo, revelando outros planos verticais e fazendo o jardim todo parecer maior. A pérgula resistente, de carvalho e aço, coberta de trepadeiras perfumadas – das espécies *Akebia* e jasmim-de-leite (*Trachelospermum jasminoides*) –, além de

Direita: Graças ao projeto inteligente, não é possível captar o conjunto imediatamente, o que torna muito mais instigante a exploração do jardim.

POR QUE ESTE JARDIM FUNCIONA

- Projeto flexível, servindo a múltiplos fins, com ambientes interligados para diferentes atividades da família.
- Plantas robustas, adequadas para lares com crianças, e interessantes durante o ano todo.
- Detalhes elegantes, porém seguros, como a balaustrada de vidro reforçado que rodeia os degraus do pavimento inferior.
- Área de recreação funcional, feita de materiais visualmente compatíveis.

Acima: "O cliente queria um espaço com estilo, visualmente instigante, mas que permitisse às crianças brincar em segurança e sem supervisão", diz o paisagista Stuart Craine.

Direita: A estrutura de madeira funde-se com o todo e não polui visualmente o jardim, ao contrário dos reluzentes *kits* de recreação convencionais.

conferir maior porte ao jardim, garante a privacidade e protege contra o sol, uma função essencial para famílias com crianças.

Ao lado fica a área dos pequenos – nessa mistura de sala, brinquedoteca e galpão, parcialmente disfarçada por um telhado verde, eles encontram uma estrutura de madeira com trepa-trepa e balanço. Áreas destinadas a crianças devem ter revestimento macio: aqui, Stuart usou grama artificial, que nunca produz lama. Outra opção são cascas de árvore ou raspas de pneu, desde que se evitem cores brilhantes.

Como o cliente também desejava plantas atraentes o ano todo, o paisagista envolveu cada espaço com uma espécie verdejante e robusta, a *Iris confusa*, e também com agapantos (*Agapanthus* "Albus"), nespereiras (*Eryobotrya japonica*) e bambus.

Jardins produtivos

Mesmo que não haja espaço para uma horta, é surpreendente o que se pode colher em um jardim urbano. Com umas poucas tinas grandes, talvez você desfrute salada fresca todos os dias (ver p. 166).

O *potager*

Embora a funcionalidade esteja no âmago do jardim produtivo, a aparência também conta. Os sacerdotes medievais em seus jardins monásticos pensavam dessa maneira, assim como os franceses, que criaram o *potager* – uma horta ornamental em que os vegetais comestíveis são cultivados lado a lado com perenes atraentes, como roseiras (*Rosa*) e topiaria.

Popular ainda hoje, o *potager*, ou jardim culinário vitoriano, torna-se supérfluo quando o espaço é pequeno, além de

exigir um bocado de trabalho. Porém, você pode fazer um jardim similar usando suportes de vime trançado, arcos ornamentados e terracota curtida pelo tempo. Ou pode atualizar o visual, combinando esses materiais em uma composição de aço, zinco e carvalho polido.

Para realçar o layout fortemente geométrico, fileiras de alfazema (*Lavandula*) e alecrim (*Rosmarinus*) ao longo dos caminhos são muito populares e atraem polinizadores benéficos e sirfídeos, cujas larvas se alimentam de pulgões.

Nutritivos e atraentes

Quando o espaço é restrito, é possível introduzir belas hortaliças nos próprios canteiros – uma abordagem mais informal, mas que segue a tradição do *potager*. Milho, funcho e alcachofra são ideais para o fundo dos canteiros, enquanto groselheiras-pretas e comuns podem tomar o lugar de arbustos. O cinza-azulado dos alhos-porós complementam com perfeição o rosa borbulhante das *Geranium* "Mavis Simpson", assim como as delicadas *Sedum* "Bertram Anderson" e as *Nepeta racemosa* "Walker's Low". Havendo solo fértil e sol, até a humilde batata tem algo a oferecer.

Certas hortaliças trepadeiras podem ser usadas em muros e cercas. Feijões-trepadores não se incomodam com muros frios; em locais mais ensolarados, você pode experimentar vagens como a "Goldfield" (amarela) ou a "Empress" (azul-escuro).

Feita a colheita, são inevitáveis os vazios no canteiro; portanto, prepare-se para preenchê-los com outras culturas (de preferência diferentes) logo em seguida. Ou, então, permita que sejam ocupados por ornamentais perenes, ou preencha-os com alguma forração da temporada ou com anuais resistentes ao frio como a nigela (*Nigella*).

Acima: Maximize o potencial de produção da terra cultivando trepadeiras comestíveis e bonitas (aqui, videiras) acima ou ao longo de uma parede ou cerca.

Esquerda: Canteiros elevados se aquecem rapidamente na primavera (o que é útil para as primeiras semeaduras) e permitem cultivar vegetais saborosos – por mais pobre que seja o solo do local. Paisagistas também usam esse tipo de canteiro para delimitar áreas do jardim.

ESTUDO DE CASO

Elegância comestível

Um jardim produtivo e prático também pode ser muito bonito, como demonstra este moderno e elegante oásis criado pela del Buono Gazerwitz Landscape Architecture. Sua estrutura formal, sem complicações, é típica desse escritório de paisagismo.

Uma estrutura forte é importante nos jardins urbanos. Aqui, as cercas vivas de teixo (*Taxus*), carpas (*Carpinus*) entrelaçadas e amoreiras podadas em forma de guarda-chuva formam a espinha dorsal do projeto. Eles ajudam a definir o espaço e, junto com grandes treliças naturais, oferecem privacidade – uma exigência dos clientes.

As amoreiras são o elemento mais notável do jardim. Elas formam o "teto" do espaço para refeições, protegendo os comensais dos olhares alheios e do sol, sem, contudo, bloquear a luz completamente. Além disso, também emolduram o jardim e reforçam seu layout na parte superior. Grupos generosos de íris, *Erysium* "Bowle's Mauve" e gerânios (*Geranium*) estão em toda parte , ajudando a suavizar o

Direita: Carpas (*Carpinus*) entrelaçadas e treliça (ao fundo) fornecem privacidade e escondem vistas desagradáveis.

POR QUE ESTE JARDIM FUNCIONA

- Projeto clássico, formal e elegante, com detalhes que o complementam.
- O layout limpo, sem excessos, faz excelente uso do espaço e estabelece uma conexão com a arquitetura ao redor.
- Detalhamento impecável no projeto, utilizando materiais ecológicos e plantas tradicionais.
- O plantio abundante, colorido, benéfico para a vida silvestre, inclui atraentes plantas comestíveis.

Acima: Árvores frutíferas e áreas para refeições geralmente não combinam, já que as frutas atraem vespas e mancham o piso. Porém, aqui foi usada a amoreira *Morus platanifolia*, que tem folhas como as do plátano e não frutifica.

Direita: Como explica o paisagista Tommaso del Bueno, "é um projeto para entusiastas da jardinagem, que queriam variedade, que queriam um desafio, que ansiavam por um jardim 'adequado'. Eles também adoram cozinhar".

esquema. Em canteiros elevados feitos de vime trançado, ervas aromáticas ficam ao alcance da mão. Além delas, esses canteiros podem acomodar frutas e hortaliças.

A beleza das ervas aromáticas vem sendo apreciada há gerações, e um jardim que as exiba em pleno esplendor deve ser considerado um verdadeiro tesouro. Sálvia (*Salvia officinalis* "Purpurascens"), alecrim (*Rosmarinus officinalis*), cebolinha (*Allium schoenoprasum*), melissa (*Melissa officinalis*), menta (*Mentha suaveolens* "Variegata"), poejo (*Mentha pulegium*) e tomilho com aroma de limão (*Thymus x citriodorus*) são naturalmente belos. Também representam uma ótima alternativa às plantas tradicionalmente usadas como cobertura – a aparência dessas ervas é espetacular... e seu sabor também!

Refúgios para a vida silvestre

Os jardins urbanos não se destinam apenas ao nosso prazer; eles são essenciais à fauna urbana e ajudam a proteger a biodiversidade. Além disso, atrair animais faz do jardim um lugar mais interessante, especialmente para as crianças.

Não importa o estilo ou tema de seu projeto: alguns passos simples podem render grandes benefícios para os animais.

O poder das plantas

As plantas são essenciais para atrair animais, mas não é preciso usar apenas espécies nativas. Simplesmente, evite cultivares excessivamente hibridizados, com flores grandes e extravagantes ou dobradas, a maioria das quais contém pouco ou nenhum pólen ou néctar.

Alfazema (*Lavandula*), funcho (*Foeniculum*), *Centranthus ruber*, áster (*Aster*) e rabo-de-foguete (*Solidago*) atraem abelhas, borboletas e sirfídeos – os controladores de pragas da Mãe Natureza. E, importante, todas são duradouras. Para as aves, as bagas de *Cotoneaster*, uva-do-oregon (*Mahonia*) e azevinho (*Ilex*) são um acepipe, enquanto cercas vivas e trepadeiras (especialmente a hera/*Hedera*) são uma ótima camuflagem para seus ninhos.

Árvores também fornecem alimento e abrigo para muitos pássaros, animais e insetos. Se o jardim for pequeno demais para uma árvore plenamente crescida, uma versão com crescimento controlado pode se ajustar ao espaço com perfeição.

Um ímã aquático

Não há nada que atraia tantos animais como um tanque – é um verdadeiro magneto para tritões, rãs, libélulas, aves e mamíferos. Para oferecer proteção e abrigo a esses "hóspedes", o plantio deve ser farto ao longo de toda a borda. Além disso, é essencial haver pelo menos um lado em declive, para que os visitantes entrem e saiam com facilidade. Plantas que gostam de águas profundas e margens, como o junco *Butomus umbellatus*, oferecerão alimento e refúgio a animais e insetos.

Para aproveitar melhor o espaço em jardins menores, integre esses reservatórios de água a outros elementos – é possível, por exemplo, posicionar um deque escorado acima do tanque.

Direita: Apesar de ser útil deixar a folhagem e a madeira morta se acumular naturalmente, ou então deixar a grama crescer, não é preciso comprometer a estética para criar um jardim amigo da fauna.

Acima: Um tanque não precisa ter formato irregular para atrair a vida selvagem. Tanques quadrados, circulares ou retangulares, mais adequados a projetos modernos, funcionam igualmente bem.

MANEIRAS SIMPLES DE ATRAIR ANIMAIS

Instale casas para pássaros; algumas vêm equipadas com câmeras, para que possa observar o comportamento dos visitantes.

Ofereça uma ampla variedade de alimentos. Tordos (*Turdus philomelos*) adoram frutas secas. Melros preferem maçãs podres. Já sementes de girassol atraem tentilhões, pintassilgos, chapins e muitas outras espécies.

Faça compostagem – ela atrairá milhares de insetos, besouros e lesmas, o que, por sua vez, proporcionará um banquete para aves e porcos-espinhos.

Caixas especiais para insetos favorecem a hibernação de crisopídeos e joaninhas – ambos controlam pulgões.

Deixe pilhas de folhagem pelo jardim para que os porcos-espinhos façam ninhos. Não corte os caules ocos de plantas perenes: durante o inverno, eles serão o abrigo de muitos insetos que hibernam.

Faça uma pequena pilha de madeira (por exemplo, atrás de um galpão); cobras-de-vidro e besouros lucanídeos adoram esse ambiente. Pilhas de pedra também constituem um bom hábitat para cobras-de-vidro e rãs.

Reduza o uso de produtos químicos sintéticos. Os pesticidas não diferenciam: matam pragas e animais benéficos. Portanto, sempre que possível, tente não usá-los. Nunca compre armadilhas para lesmas que contenham metaldeído, que também é tóxico para gatos e cães.

Controle os gatos. Colocar um sininho – ou melhor, dois – na coleira de um gato pode prevenir outros animais de um ataque iminente. Se o gato de algum vizinho for o problema, tente espargir óleo de eucalipto ou pimenta no solo (compre em lojas de jardinagem); esses produtos também podem afastar, sem crueldade, outros animais.

ESTUDO DE CASO

Onde a natureza encontra o design

"Meu jardim é para as pessoas e para a vida silvestre", diz a paisagista Catherine Heatherington ao descrever o refúgio verde que criou em um bairro residencial. Eis um exemplo perfeito de como natureza e ser humano podem viver felizes lado a lado, no mesmo espaço.

Com seu layout vigoroso e detalhes contemporâneos como uma audaciosa pérgula de aço e pedra de Purbeck, este jardim demonstra que projetos modernos também podem favorecer a vida silvestre.

O tanque retangular é uma das estrelas do projeto. Ele tem diferentes níveis para plantas aquáticas de vários tipos e é todo revestido com fibra de vidro para garantir a impermeabilidade. Pedras e plantas como *Caltha palustris* atraem e abrigam animais.

As espécies vegetais selecionadas por Catherine revelam uma cuidadosa compreensão dos princípios naturalistas. Elas foram escolhidas para sustentar as outras ao redor, seja como suporte mecânico para mantê-las eretas, seja cobrindo o solo para deter ervas daninhas. Catherine explica: "Há camadas no

Direita: Amigo da fauna silvestre, o projeto exibe muitos elementos de design contemporâneos, como uma pérgula de aço.

POR QUE ESTE JARDIM FUNCIONA

- Projeto contemporâneo, concebido tanto para as pessoas como para os animais silvestres.
- Teto verde, espécies ricas em néctar e um tanque profundo rodeado de plantas que atraem uma variedade de mamíferos, invertebrados e aves.
- Layout vigoroso e uso de plantas que exigem pouca manutenção.
- Reprodução de padrões encontrados em comunidades de plantas na natureza.

Acima: "Não é por ser um jardim voltado à vida silvestre que um layout bem definido não é importante", diz Catherine.

Direita: Apesar de haver preferências pessoais, como *Iris* "Sable", *Iris* "English Cottage", *Iris* "Kent Pride" e *Allium hollandicum* "Purple Sensation", além de bambu (uma "marca registrada" dessa paisagista), a maioria das plantas foi escolhida para fornecer alimento ou abrigo à fauna.

material plantado, desde espécies que servem como cobertura para o solo até árvores maiores, o que produz vários hábitats diferentes, exatamente como acontece na natureza". Esse arranjo favorece a vida silvestre, e o uso de grupos de plantas que se autossustentam reduz o tempo gasto na manutenção.

Catherine incluiu em todo o jardim plantas que fornecem néctar e pólen em raras, porém importantes ocasiões: para o início da primavera, pulmonárias (*Pulmonaria*) e heléboros (*Helleborus*); para o final do outono, *Sedum* e *Aster*. O teto verde semi-intensivo que cobre o galpão é outro ímã de animais silvestres. *Lysimachia ephemurum* e funcho roxo (*Foeniculum vulgare* "Purpureum") atraem sirfídeos; *Phlomis russeliana* é adorada pelas abelhas, e árvores que produzem bagas, como a sorveira e *Amelanchier*, se destinam aos pássaros.

ESPAÇOS E LUGARES

Este capítulo trata do projeto e do plantio de espaços urbanos específicos. Antes de começar, porém, uma palavrinha sobre dinheiro e como tirar o melhor dele. Há uma pergunta que me dirigem muitas vezes: "Contratar um paisagista *realmente* faz diferença?" Pela minha experiência, a resposta tem de ser "sim", especialmente no caso de jardins difíceis e em áreas de declive.

Bons profissionais verificam o que pode funcionar, especificam detalhes complicados na conexão dos elementos construtivos e podem gerir o projeto inteiro. Contudo, se você contratar um serviço completo de paisagismo para um jardim urbano pequeno e seu orçamento for apertado, sobrará pouco dinheiro para materiais e plantas. Por que, então, não fazer seu próprio projeto? Será preciso um pouco de pesquisa, mas sempre poderá contratar um dia de consultoria para obter ajuda no início.

Ideias a considerar

- Mudanças radicais são caras. O acréscimo de um simples ponto focal ou um reordenamento das plantas não seria suficiente para transformar o espaço?
- Invista primeiro em elementos de sustentação, como limites, pátios e caminhos. Eles formam a estrutura do jardim.
- A mão de obra responde por boa parte de qualquer orçamento. Utilizar mão de obra local, usando materiais da mesma região, sai mais barato – e é mais sustentável. Você mesmo pode limpar o terreno e plantar, mas tenha consciência de suas limitações – para rebocar, assentar tijolos e pavimentar, será preciso contratar um profissional.
- O custo para ajardinar áreas em declive pode ser bem alto, e o dinheiro será usado em coisas que ninguém vê – terraplenagem, fundações e drenagem. Sempre que possível, trabalhe com uma inclinação que minimize o gasto e o impacto sobre o local. Na maioria dos casos, não será necessário construir terraços em todo o espaço destinado ao jardim; uma ou duas áreas planas geralmente são suficientes. Deques são uma boa opção, já que podem ser erguidos acima do declive.
- Curvas fechadas e formas complicadas são difíceis de construir, a menos que sejam utilizados materiais "fluidos", como cascalho.
- Prefira plantas a elementos construídos, já que elas custam menos e são melhores para o meio ambiente: por exemplo, use cercas vivas em vez de muros.
- Materiais reciclados geralmente são mais baratos do que os novos e normalmente deixam uma pegada de carbono menor.
- Elementos feitos sob encomenda, em particular elementos aquáticos intricados, são inevitavelmente caros.
- Plantas pequenas estabelecem-se mais rápido e são mais baratas do que as maiores; essas, porém, são ótimas para dar um ar de maturidade ao jardim. Árvores que preservem a intimidade, arbustos estruturais, topiaria e cercas vivas que contribuam para a segurança compensam o alto custo, o que não ocorre no caso de perenes de grande porte, samambaias, trepadeiras e gramíneas – plantas pequenas alcançam tamanho similar em pouquíssimo tempo.

Ao lado: O custo de projetos que priorizam plantas em vez de elementos construídos de paisagismo é significativamente menor.

Direita: Um gramado é, de longe, a opção mais barata para cobrir superfícies. Sementes para um novo gramado são mais baratas do que placas de grama, mas, no início, precisam de mais cuidado e atenção.

Pátios

Um pátio reservado, cercado de trepadeiras e aromas, é reverenciado em cidades do mundo todo. Neste livro, uso o termo sem rigor: por causa da forma e do tamanho, muitos jardins de fundos nas áreas urbanas compartilham as características dos pátios. Muitas vezes, portanto, paisagistas os tratam do mesmo jeito.

O pátio ou terraço é a parte mais importante nesse tipo de projeto – na verdade, em qualquer projeto –, já que desempenha muitos papéis e funções. Geralmente, porém, há duas finalidades no topo da lista: refeições e lazer.

Avaliando as opções de mobília

Sempre reserve bastante espaço para as refeições ao ar livre. Para determinar as proporções corretas, pense no arranjo de sua sala de jantar. Se estiver projetando um pátio a partir do zero, pode ser útil fazer maquetes de cartolina, em tamanho real, do conjunto de jantar, e experimentá-las *in situ* para verificar se a área é grande o suficiente. Vale o mesmo truque na hora de comprar qualquer móvel para um terraço já existente.

Como referência, encoste a parte frontal da cadeira na borda da mesa e reserve mais 75 cm atrás, espaço suficiente para manobrar a cadeira. Para acomodar quatro pessoas em torno de uma mesa redonda padrão (de 90 cm a 110 cm de diâmetro), deixe uma área de 12 m^2 a 13 m^2; de 9 m^2 a 10 m^2 também é possível, mas ficará apertado. Já para acomodar seis pessoas em torno de uma mesa com 1,35 m de diâmetro, reserve uma área de 16 m^2 a 17 m^2.

Em um jardim pequeno, é provável que não haja espaço para móveis de jantar formais e espreguiçadeiras informais. Se os conjuntos de jantar interno e externo ficarem muito próximos, assentos informais podem ser uma boa opção.

Economia de espaço

Mesas retangulares aproveitam melhor o espaço. Por sua vez, cadeiras sem descanso para braços e bancos (que podem ser colocados debaixo da mesa) permitem que mais pessoas se acomodem.

Assentos embutidos também fazem bom uso do local e podem ser construídos em conjunto com canteiros elevados ou muros de arrimo para distribuir o custo. Para o assento em si, a melhor opção é a madeira, mais quente e confortável.

Acima: Um espaço para refeições precisa cumprir seu papel. Portanto, em um pátio pequeno, é provável que todo o jardim seja concebido em função dessa atividade.

O ideal é que o banco tenha entre 40 cm e 55 cm de altura. Para a maioria das pessoas, a profundidade ideal do assento é de 48 cm a 50 cm.

Equilibrando o projeto

Obter uma área apropriada para as refeições e manter o jardim tão utilizável quanto possível pode significar pavimentar toda a área, restringindo o plantio às bordas ou a recipientes. Contudo, o plantio em faixas de terra estreitas ao longo do perímetro é difícil e limita a seleção de espécies a algumas trepadeiras, bambus finos e gramíneas. Use a criatividade: um canteiro grande em apenas um dos lados, equilibrado por vasos e floreiras no outro, deixa espaço para uma escolha de plantas mais rica e criativa.

Materiais

Escolha materiais que complementem o estilo da casa e do jardim, mas não exagere na variedade. Observe qualquer jardim deste livro e verá que nenhum deles exibe mais do que

Em cima: Pense verticalmente. Todos os cantos podem ser utilizados para o plantio, deixando uma parede ou um muro mais atraente.

Embaixo: Bancos embutidos aproveitam bastante o espaço. Nesta imagem, o assento de madeira parece flutuar sobre a folhagem.

Direita: Complementada pelas plantas ao redor, esta escultura parcialmente oculta será uma adorável surpresa para quem estiver passeando pelo jardim.

três ou quatro materiais diferentes, talvez com um ou outro detalhe ou foco especial.

A pavimentação é o elemento principal (e geralmente o mais dispendioso) de um jardim. Decomponha áreas grandes em unidades menores de alguma outra coisa – placas de granito com uma faixa de lajotas quadradas, por exemplo – já que o uso excessivo de um único elemento provocará monotonia. Ou, então, encontre um material complementar: por exemplo, pedras de cascalho ao lado de lajotas de pórfiro.

Ponto focal

Todos os jardins, especialmente os pátios com simetria inerente ou projetos de geometria pronunciada, precisam de ponto focal para deter o olhar e "ancorar" o espaço.

Além disso, o ponto focal ajuda a reforçar ou ditar o estilo. Esculturas tradicionais são adequadas a projetos clássicos, ao passo que *objets d'art* agrícolas complementam os jardins campestres; obras de arte abstrata ficam melhor em jardins de estilo moderno.

Vale quase tudo – uma estátua, um elemento aquático, três vasos enfileirados. Apenas assegure de que o ponto focal se destaque no ambiente (para determinar o tamanho e a forma corretos, ver p. 76).

QUESTÕES PRÁTICAS

Limites: Quanto menor o jardim, maior a importância de que seus limites sejam bem projetados. Oculte-os ou coloque-os em destaque (mais sobre isso na p. 84).

Posição: Escolha as plantas certas para cada ponto do pátio. Os microclimas ao longo das faces voltadas para norte, sul, leste e oeste serão diferentes.

Armazenagem: Um galpão em um pátio pequeno fica feio. Disfarce-o com trepadeiras, treliças ou arbustos perenifólios. Pintá-lo de verde e instalar um teto verde (ver p. 144) ajuda a camuflá-lo ainda mais.

Ao lado, acima: Contrastando com o resto da composição, a rocha com uma fonte constitui um ponto focal eficaz e se insere perfeitamente no ambiente seminaturalista.

Ao lado, abaixo: A cuidadosa seleção de um número limitado de materiais neste jardim impede que ele fique atravancado, além de estabelecer ligações adequadas com a casa.

Direita: Uma escultura de metal, emoldurada pelo arco coberto de trepadeiras, recompensa o olhar e atua como um necessário "ponto final" do projeto.

ESTUDO DE CASO

Oásis urbano

Concebido para uma família numerosa, este projeto de Declan Buckley é uma verdadeira aula de paisagismo moderno.

Lazer ao ar livre estava no topo do *briefing* que o cliente entregou ao paisagista. Para o sol não fritar os convidados, Declan, que projetou este jardim localizado no Hemisfério Norte, situou o espaço para refeições – grande o bastante para acomodar oito ou mais pessoas – no canto sombreado voltado para o norte, o que também oferece proteção contra os ventos dominantes. Por causa de seu posicionamento e do limiar generoso entre interior e exterior, esse canto é o ideal para o entretenimento ao ar livre.

A mobília é simultaneamente um elemento central do projeto e um ponto focal – característica comum dos jardins urbanos. É uma boa ideia comprar um conjunto durável e que complemente o estilo ou tema do jardim; para mim, a madeira sempre funciona (especialmente quando exposta às condições ambientais). Obviamente, conforto também é essencial. Se o espaço coberto for limitado, escolha materiais como aço, alumínio ou plástico, como Declan fez aqui, que podem ser limpos com rapidez e ficar ao relento o ano todo.

Um generoso canteiro separa o espaço para refeições dos assentos informais no canto dos fundos; neste, foi incluído um guarda-sol para garantir sombra. Uma árvore poderia exercer a mesma função, além de oferecer abrigo e privacidade.

O plantio informal tem atrativos para o ano inteiro. *Verbena bonariensis, Ammi majus, Foeniculum vulgare* "Giant

Acima: Cercado por uma abundância de plantas, esta área de estar formal de assentos é um lugar perfeito para comer e entreter amigos e familiares.

Bronze", *Calamintha nepeta* subespécie *nepeta* "Blue Cloud", juntamente com gramíneas como *Miscanthus sinensis* "Emmanuel Lepage", também contrastam com as linhas fortes do projeto.

Dividir um jardim pequeno com plantas desperta curiosidade e interesse. Contudo, talvez você não disponha de espaço para fazer isso na escala que Declan fez aqui. Neste caso, uma fileira de vasos altos repletos de gramíneas ou vigas cobertas de trepadeiras – ou mesmo um canteiro elevado – podem ajudar a separar sutilmente um espaço do outro.

Acima: Uma simples mudança de nível torna muito mais instigante um passeio por qualquer jardim.

Direita: As portas de vidro esmaeceram completamente a fronteira entre a casa e o jardim.

Abaixo: Leves e vazadas, as plantas permitem vislumbrar o que se encontra por trás.

POR QUE ESTE JARDIM FUNCIONA

- Layout elegante, que complementa a geometria da casa e da área circundante.
- Atenção para com os muros: pintados e revestidos por trepadeiras adequadas.
- Espaço de convivência grande e posicionado a fim de garantir abrigo e privacidade.
- Coleção harmoniosa de plantas benéficas para a vida silvestre, que complementa os elementos sólidos e dá um ar de reclusão ao espaço.

SITUANDO E ESCOLHENDO UM PONTO FOCAL

Em tese, para que o elemento que constitui o ponto focal tenha o tamanho certo em relação ao entorno, ele deve seguir as proporções da razão áurea clássica. Contudo, quem faz jardins geralmente toma decisões mais pessoais: se o ponto focal parece certo, ele está certo!

Para determinar o tamanho de um ponto focal, você pode fazer esboços em escala no papel ou desenhar em cima de fotografias. Eu acho que é de grande ajuda trabalhar *in situ*, empilhando caixas de papelão para ter uma ideia de como seria a aparência dos pontos de interesse. É o que dá mais certo quando já sabe o que pretende instalar, ou quando quer determinar qual tamanho e formato funcionam melhor.

1 Junte caixas de diferentes tamanhos e formatos; quanto maiores, melhor. Se puder escolher, prefira as sem inscrições, pois provocam menos distração.

2 Posicione uma caixa no espaço reservado e observe. É muito pequena, muito grande, muito larga ou muito alta? Se o visual não lhe agradar, acrescente mais caixas à primeira ou tente caixas menores. Observe o ponto focal a partir de várias posições no jardim e também da casa.

3 Como a atenção será atraída para aquele ponto em particular, será que o esquema de plantio ao redor terá de ser melhorado? Leve em conta também o fundo. Enquanto estiver trabalhando, tire fotos para examinar com calma depois. Use uma régua comprida ou um cabo de vassoura em cada foto para contextualizar o arranjo.

4 Continue a adicionar e subtrair caixas até encontrar uma combinação com a altura e a largura certas para o espaço. Registre as medidas e escolha um ponto focal com dimensões similares.

Abaixo: Em projetos com forte simetria como este, um ponto focal do tamanho adequado é especialmente importante para satisfazer o olhar e colocar um "ponto final" na paisagem.

Jardins na frente da casa

Com um bom projeto e boa manutenção, um jardim na frente da casa pode dar prazer não apenas aos proprietários, mas a toda a vizinhança. Por ser visível ao público, esse tipo de espaço diz muito sobre os moradores. E são as primeiras impressões as que ficam!

Acesso claro e fácil

Os caminhos devem ser largos, evidentes e conduzir mais ou menos diretamente à porta, para que os visitantes não se sintam tentados a cortar caminho e pisar nas plantas. Vasos ou trepadeiras acima da porta podem emoldurar a entrada. No caminho, é essencial uma base firme, especialmente se o local for sombreado; escolha pisos com acabamento texturizado para garantir aderência. Os materiais – inclusive portões e paredes ou muros – devem estabelecer uma conexão com a arquitetura da casa.

Carro × jardim

Os benefícios dos jardins da frente e os problemas associados à pavimentação descontrolada dessas áreas foram reconhecidos em muitos países. Áreas pavimentadas que excedam certo tamanho podem, portanto, estar sujeitas a regras e diretrizes de planejamento urbano.

Uma combinação de materiais – caminhos pavimentados para pessoas, cascalho para o carro, por exemplo – delimitará o local de estacionamento. Vasos pesados (que não possam ser roubados facilmente) ou plantas com altura acima do joelho (que possam ser vistas ao dar ré) delineiam ainda mais a área.

Pavimentação permeável

Além de feios, jardins totalmente pavimentados contribuem para as enchentes, pois os bueiros simplesmente não dão vazão ao volume de água. Para evitar esse problema, use pavimentação permeável – um sistema de drenagem urbana sustentável (ou SUDS, do inglês *sustainable urban drainage system*), que permita à água se infiltrar no terreno. Entre as muitas superfícies permeáveis disponíveis, as mais populares são os blocos de concreto, por cujas junções a água pode escoar. Os modelos de acabamento polido, sobretudo nas cores marrom e cinza, dão efeito mais natural.

Direita: Você pode ser criativo e se destacar na multidão com detalhes inusitados, o jardim na frente da casa ou nos fundos. Aqui, o proprietário optou por esculturas de pássaros.

Acima, esquerda: Este pavimento de cerâmica antiderrapante foi disposto em ângulo, para o caminho parecer mais largo e fácil de percorrer. As bordaduras mantêm os visitantes na rota predeterminada.

Acima, direita: Um conjunto tradicional de plantas inclui, neste caso, buxo (*Buxus*), margaridas (*Leucanthemum vulgare*), cardo escocês (*Onopordum acanthium*) e *Alchemilla*.

Esquerda: Um gramado não faz sentido em um jardim frontal pequeno; em vez disso, encha o espaço com uma profusão de perenes coloridas como lupinos (*Lupinus*), gerânios (*Geranium*) e aquilégias (*Aquilegia vulgaris*).

Pedregulho permeável é uma alternativa mais barata, e sua textura áspera contribui para a segurança. Também pode cultivar plantas nele. Porém, se a ideia é utilizá-lo no caminho do carro, serão necessárias fundações sólidas, e o trabalho deverá ser feito por um profissional experiente. Uma pequena área pavimentada no limiar entre a casa e o jardim impedirá que as pedrinhas escapem para dentro de casa. Se não achar atraente pedregulho solto, escolha pedregulho unido por resina permeável.

Interesse o ano todo

As plantas usadas na frente da casa precisam ser duráveis, de fácil manutenção e atraentes o ano todo. Arbustos de formato regular, como *Pittosporum tobira* "Nanum", *Elaeagnus* "Quicksilver", *Euphorbia characias* subespécie *wulfenii*, *Cistus* × *hybridus* e *Viburnum tinus* "Gwenllian", são ideais. Coníferas pequenas e resistentes também são úteis. Associe-as a roseiras (*Rosa*), gramíneas e forrações se houver espaço. O junípero (*Juniperus communis* "Hibernica"), de tom azulado e formato colunar, vai bem com roseiras brancas pequenas,

alfazema (*Lavandula*), talictro (*Thalictrum*) e cultivares roxos de *Iris sibirica*.

Uma tuia de cor flamejante, como a *Thuja occidentalis* "Rheingold", a gramínea *Anemanthele lessoniana*, *Helenium* "Sahin's Early Flowerer", juntamente com *Crocosmia* × *crocosmiiflore* "Emily McKenzie" e tomilho (*Thymus*) diante da casa garantem boa aparência durante todo o verão.

Um jardim de frente totalmente reservado para estacionamento ainda pode acomodar plantas atraentes nos cantos não usados. Nesse caso, use tinas grandes ou barris cortados. Pense verticalmente também; a parede toda pode ser revestida com trepadeiras perfumadas, como *Stauntonia hexaphylla* e *Clematis armandii* para locais ensolarados, ou *Akebia quinata* e *Rosa* "Albéric Barbier" para a sombra.

Um caminho grande para o carro – mesmo que feito com pavimentação permeável – tem aparência monótona; considere a possibilidade de cobrir de verde o espaço sob o carro usando forrações de crescimento baixo, como *Waldsteinia* ou tomilho. Se o carro não é usado todos os dias, experimente usar *Epimedium* e *Vinca*, que são tolerantes à sombra.

QUESTÕES PRÁTICAS

Armazenagem: Um mal necessário, latas de lixo e caixas de reciclagem podem ser armazenadas em um armário, o que manterá tudo limpo e arrumado. Pinte-o de uma cor que combine com a casa ou camufle-o com hera (*Hedera*) e um teto verde (ver p. 144).

Segurança: Portas e janelas frontais que não podem ser vistas da rua representam uma oportunidade para ladrões. Não plante espécies grandes demais perto da casa.

Iluminação: As lâmpadas da rua normalmente são suficientes para iluminar a maioria dos jardins de frente, mas, em ruas mais escuras, postes ou *spots* no nível do solo, chamando a atenção para caminhos ou estacionamentos, são úteis para a segurança, no caso de haver degraus ou mudanças de nível; use-os com um *timer*, para economizar energia.

Regras e regulamentos: A extensão da pavimentação impermeável e o projeto de alguns jardins de frente são estritamente controlados por leis ou regulamentos locais, que determinam o que você pode ou não fazer. Consulte a autoridade local.

Esquerda: Topiaria funciona maravilhosamente em jardins de frente. Nesta escala, pode exigir manutenção demais para a maioria das pessoas; uma opção é usar apenas alguns vasos ou uma cerca viva baixa ao longo do caminho para dar ênfase.

Abaixo: Para guardar latas de lixo ou bicicletas, use um armário que possa ser trancado (pintado da mesma cor que a porta da frente); isso vai ajudar a manter o jardim arrumado.

ESTUDO DE CASO

Formalidade à frente

"Como a área na frente das casas acaba muitas vezes virando garagem aberta, é raro ver um novo jardim como este em Londres", diz a paisagista Charlotte Rowe. "Felizmente, os clientes perceberam que só precisavam de uma pequena área para estacionar". Além disso, "estavam loucos por um gramado".

Topiaria e jardins de frente foram feitos um para o outro. Aqui, buxos (*Buxus*) cortados em forma de esfera e dispostos regularmente em um padrão triangular criam um elemento escultural e realçam a formalidade limpa e fresca do jardim. As cores das outras plantas se limitam a verde e branco.

Pittosporum tenuifolium "Irene Patterson", *Hydrangea arborescens* "Annabelle", cebolas ornamentais brancas e íris destacam-se nos canteiros circundantes. Uma cerca viva de azereiro (*Prunus lusitanica*) rodeia o jardim. Para assegurar mais privacidade, bétulas (*Betula utilis* var. *jacquemontii*) foram plantadas na divisa diante da cerca viva. Embora amadureçam rapidamente, a necessidade de intervenções para limitar seu tamanho foi considerada nos custos de manutenção do projeto.

Direita: Loureiros (*Laurus nobilis*) podados em esfera e plantados em vasos de zinco de cor metálica enfatizam a entrada da casa e acolhem os visitantes.

POR QUE ESTE JARDIM FUNCIONA

- Layout vigoroso, que complementa a arquitetura da casa.
- Separação clara entre "espaço do carro" e "espaço do jardim".
- Plantas duradouras, de baixa manutenção, atraentes o ano todo.
- Árvores e cercas vivas que oferecem privacidade, sem restringir a luz nem ocultar a casa – o que contribuiria para a ação de ladrões.
- Atenção máxima ao escoamento da água.

Acima: Um mar de *Alchemilla mollis* separa o gramado da área de estacionamento e ajuda a "controlar" a posição do carro.

Direita: Buxos podados em forma de esfera podem dificultar um pouco na hora de cortar a grama, mas a manutenção em outras partes do jardim é mínima.

Alguns jardins de frente são pequenos demais para justificar o uso de grama (pedregulho permeável é uma opção melhor, já que exige pouca manutenção e é ecológico); contudo, ela funciona bem aqui e não parece ser apenas um elemento simbólico. Uma faixa de pedregulho ao redor da cerca viva enfatiza o formato do gramado.

Entre o estacionamento e o caminho, piso de pedra-de-york. Embora impermeável, o material foi assentado com um leve ângulo, que dirige a água da chuva para o gramado, onde será absorvida. Essa pedra não é barata e, por ser clara, não é uma boa escolha para quem gosta de carros antigos (manchas de óleo!). Aqui, porém, foi selecionada para combinar com a pedra usada no jardim dos fundos, também projetado por Charlotte.

Corredores e degraus

Se houver candidatos à reforma, corredores, escadas em caracol e degraus devem estar no topo da lista. Muitas vezes ignorados, todos esses lugares podem ficar lindos.

Passagem livre

A funcionalidade vem em primeiro lugar, e o movimento nessas áreas nunca deve ser impedido. Passagens estreitas podem acomodar apenas um banco de armazenagem embutido ou um par de cestos pendurados na parede (úteis também para criar um "teto" ao espaço). Degraus grandes podem receber alguns vasos, mas escadarias estreitas terão espaço para, no máximo, uma trepadeira anual como a bom-dia (*Ipomoea*) ou para feijões-trepadores, plantados na base e conduzidos pelos balaústres, a fim de manter os degraus livres.

Acima: Uma escada em caracol larga pode receber alguns vasos nos degraus. Mas a segurança vem em primeiro lugar: as plantas nunca devem dificultar o acesso.

Ao lado: Edificações altas fazem um corredor parecer pequeno como o fundo de uma profunda ravina. Vigas, vasos de parede, ramos arqueados de bambu ou árvores como *Acer palmatum* reduzem o espaço a uma escala menor, mais humana.

Abaixo: O revestimento com faixas de madeira cria um visual moderno e pode mascarar divisas desagradáveis. Seja madeira de lei ou madeira comum, use preservativo/óleo resistente a raios ultravioleta para mantê-la sempre nova.

Lidando com as fronteiras

Um elemento visualmente dominante em pátios, porões e corredores são as fronteiras. Não as ignore; é preciso pensar nelas em primeiro lugar.

Cercas danificadas precisam ser substituídas. Madeira de lei dura mais e envelhece belamente. Madeira comum é mais barata, mas aqueles painéis laranja são escandalosos demais – use tintas protetoras ecológicas em verde-escuro ou marrom, que possam se mesclar a quaisquer plantas. Alguns paisagistas usam cercas pretas ou cinza-escuro, mas não em áreas grandes – o efeito é deprimente demais.

Acima, esquerda: Vasos coloridos pendurados nos balaústres ajudam a enfeitar esta escada em caracol.

Acima, direita: Sem gastar muito, é possível transformar passagens estreitas em verdadeiros jardins; mas, se quiser incluir árvores que cresçam bastante, precisará de mais espaço. Escolha as espécies com cuidado.

QUESTÕES PRÁTICAS

Armazenagem: Feias, porém necessárias, as lixeiras podem ser armazenadas em um abrigo construído especialmente para elas.

Encanamento: Canos expostos podem estragar um projeto. Você pode pintá-los – solução que dura bastante – ou tentar cobri-lo com trepadeiras leves que não se alastrem muito, como a *Rhodochiton atrosanguineus*.

Limpeza: Na sombra, dê preferência a superfícies escuras – as algas não ficam tão evidentes. De qualquer modo, os pisos devem ser limpos regularmente, sobretudo os deques.

Segurança: Corredores laterais são óbvios pontos de ataque para bandidos. Para dificultar a escalada, cultive plantas espinhosas como *Pyracantha* ou rosas trepadeiras (*Rosa*) ao longo de treliças finas no topo de portões e divisas.

Se a estrutura de um muro estiver boa, não há por que substituí-lo. Em vez disso, disfarce-o com painéis de bambu ou placas de salgueiro, fixados em sarrafos de madeira presos à parede. Outra opção é o simples reboco, que pode ser colorido com certas areias, cimentos e corantes. Porém, quando o espaço é pequeno, textura e padrões são importantes – inclua pedaços de treliça, faixas de cedro (com um intervalo de 2 mm a 3 mm entre cada uma) ou mesmo placas de metal para tornar o muro mais interessante. Painéis de pedra comumente usados na decoração de interiores também podem funcionar – assegure-se apenas de que são adequados ao uso em áreas externas.

Trepadeiras de crescimento rápido e formato regular são a maneira mais barata de cobrir uma parede pouco atraente e, por se fundirem com a área circundante, fazem o jardim parecer maior. *Parthenocissus tricuspidata* e hera (*Hedera helix*) são perfeitas, mas levam alguns anos para começar a crescer com rapidez, mesmo que compre plantas grandes. Elas também precisam ser plantadas no chão, já que trepadeiras vigorosas cultivadas em vasos não crescem muito. Ou, então, por que não formar uma parede "viva" usando samambaias e plantas de forração (ver p. 144)?

Rente ao chão

Pisos e revestimentos devem remeter aos usados no jardim principal a fim de conectar as duas áreas. Para fazer uma passagem estreita parecer maior, disponha o piso – lajotas ou tábuas de deque, por exemplo – obliquamente em relação às fronteiras. Isso conduz o olhar do espectador ao longo do espaço. Lajotas de granito ou cerâmica ou tábuas de carvalho dispostas em faixas oblíquas têm efeito similar.

Menos ofensivo ao orçamento, o pedregulho também é uma opção. Pense, porém, no uso do espaço: latas de lixo com rodízios não passam facilmente sobre ele, tampouco é possível varrê-lo. Em vez de remover um trecho feio de concreto, você pode cobri-lo com uma camada fina de pedregulho (8 mm a 15 mm de profundidade), mas tome cuidado para não bloquear os drenos; uma "borda" de tijolos em volta deles em geral é necessária. Se, em vez disso, contar com uma boa laje de concreto, poderá assentar ladrilhos texturizados finos sobre ele (contanto que isso não comprometa a impermeabilidade da casa).

Visão em túnel

Pela própria natureza, corredores longos criam o efeito visual de um túnel. Com toda a ênfase situada na extremidade, é essencial ter um ponto focal para "recompensar" o olhar. Em um jardim muito pequeno, com passagem lateral, basta ter em mente a posição do ponto focal e o corredor.

Acrescentando degraus

É fácil fazer uma simples mudança de nível para tornar o projeto mais interessante, mas um lance de escadas mais longo precisa ser estudado com cuidado. Seja generoso com o tamanho: degraus ao ar livre devem ser mais profundos e largos do que os usados no interior. Idealmente, a face vertical (espelho) deve ter de 14 cm a 16 cm de altura – nunca mais do que 20 cm – e a horizontal (piso) entre 30 cm e 50 cm.

No topo: Um patamar ao fim de uma série de degraus proporciona um local de descanso e pode indicar mudança de direção. Em lances mais longos e para moradores com dificuldades de locomoção, é desejável um patamar a cada 1,2 m de degraus.

Acima: Em conjunto com o piso claro, estes vasos redondos de aço polido introduzem luz no que, de outra maneira, seria um corredor lateral escuro e sombrio.

ESTUDO DE CASO

A passagem perfeita

Lynne Marcus projetou este corredor sombreado, que acompanha duas laterais de uma casa moderna na cidade. O projeto mostra que, com criatividade, cada centímetro de espaço ao ar livre pode se transformar em um belo jardim.

Só porque o espaço é pequeno e sombreado (e corredores laterais muitas vezes o são) não significa que ele só é adequado para plantas pequenas. Pense grande. Pense, talvez, em uma verdadeira floresta – como Lynne fez neste caso. Todo seu foco recaiu sobre forma e textura: fetos arbóreos (*Dicksonia*), bordos (*Acer*) e as plantas mais baixas que prosperam em sua sombra conferem uma atmosfera especial.

Por fim, a "selva" informal cede lugar a um bosque mais "organizado", com bambus dourados (*Phyllostachys aurea*) ao fundo, que proporcionam privacidade sem bloquear a luz. Para marcar a mudança e fazer uma referência à arquitetura moderna, de linhas limpas, uma plataforma de tábuas percorre o espaço até uma escultura na extremidade. Escolhida para despertar o interesse sem criar um "ponto final", a escultura atrai o olhar para o jardim principal, do qual é possível ter vislumbres através das janelas da sala de estar, que dá para a área.

Para ligar espaços, Lynne usou plantas de cores, formas e texturas similares, às vezes repetindo algumas espécies em diferentes lugares. Isso, porém, pode ser complicado se uma área for sombreada e a outra ensolarada. Felizmente, muitas plantas toleram tanto sol como sombra parcial: nesse sentido, são ideais o buxo (*Buxus*), a *Libertia grandiflora*, a *Hosta*, o *Geranium sanguineum*, a *Astelia chatamica*, a *Heuchera*, a *Hakonechloa macra* "Aureola", a *Viburnum davidii* e a favorita da paisagista – a *Pittosporum tobira* "Nanum". Samambaias têm centenas de variedades que podem ser combinadas em um mesmo projeto.

Esquerda: Fetos arbóreos e bordos proporcionam um "teto" ao espaço e realçam sua encantadora atmosfera.

Abaixo: Forrações como *Lamium maculatum* "White Nancy", *Heuchera micranta* var. *diversifolia* "Palace Purple", *Polystichium* e *Alchemilla mollis* adoram meia-sombra.

Acima: A plataforma de tábuas distingue esta parte do corredor do espaço anterior a ele, mas, graças à presença de espécies similares, ambas as áreas compartilham uma ligação importantíssima.

POR QUE ESTE CORREDOR FUNCIONA

- A seleção de plantas e a própria estética foram determinadas em função das condições de sombra parcial.
- Um conjunto simples de materiais baratos faz o espaço parecer maior.
- O resultado foi uma tapeçaria encantadora de plantas que exigem poucos cuidados, com forte ênfase na forma e na textura.

Subsolo

A princípio, subsolos podem parecer lugares escuros e sujos, dignos apenas de latas de lixo e caixas de reciclagem. Mas na verdade são terrenos de primeira, plenos de potencial.

Para esses espaços, a regra é quanto maior, melhor, mesmo que só disponha de um pequeno fosso que mal dá espaço para um vaso, quanto mais para uma espreguiçadeira. Limite o projeto a um destaque central ou a algumas plantas em vasos atraentes. Tendo em mente o microclima – muitas vezes úmido, quente e protegido –, preencha o espaço com o bambu *Fargesia nitida*, fetos (*Cyathea*), papiro (*Cyperus papyrus*), arunco (*Aruncus*), *Ligularia* e *Rodgersia podophyla*, se não bloquearem demais a luz – um visual de "selva" funciona muito bem neste caso. Se a superfície estiver revestida de concreto ou se o solo for seco demais para plantio direto, opte por vasos.

Falta de luz

Nem todos os subsolos (e, a bem dizer, corredores laterais) são escuros e sombrios, mas a falta de luz é um problema comum. Pode-se clarear a atmosfera com pisos de arenito ou travertino, embora deva se concentrar primeiro nas paredes, já que elas são o elemento visual dominante nesses espaços. Isso sem falar que trocar o piso sairá bem mais caro.

Pintar as paredes em tons claros cria uma atmosfera mais arejada, mas tente evitar o branco brilhante, que suja com

Esquerda: Um projeto simples e elegante sempre funciona bem nos subsolos modernos. O tratamento diferente, mas complementar, dado a cada parede ajuda a ocultar o formato de caixa do espaço.

Abaixo: Folhas grandes e formas audaciosas devem ser a primeira escolha ao plantar em subsolos; em nenhum outro lugar uma coleção aleatória de perenes graciosas encontradas em jardins tradicionais pareceria mais deslocada.

facilidade. Prefira um acabamento fosco, ou então escolha uma tonalidade mais clara de uma cor usada na casa, para criar aquelas importantíssimas conexões. Evite pintar paredes de tijolos se eles estiverem em bom estado: se quiser remover a tinta depois, terá de usar jatos de areia, um processo custoso e complicado. Em geral, esfregar a parede suja com água morna e sabão é o bastante para fazer todo o espaço parecer mais brilhante.

Qualquer superfície refletora acrescentará um pouco mais de luz: vasos e móveis de alumínio ou inox, espelhos d'água – ou mesmo plantas com folhas lustrosas como a *Fatsia japonica*. Espelhos parecem duplicar o tamanho de qualquer espaço, mas precisam ser grandes – espelhos pequenos ficam estranhos. Contudo, o sucesso de um espelho depende da ilusão que ele cria: refletir simplesmente as latas de lixo ou o interior não faz sentido. Ajuste sutilmente o ângulo para que ele reflita as plantas. Quanto às bordas, tente escondê-las com trepadeiras ou revestimentos de parede.

Espelhos de vidro não são adequados; prefira acrílico, que é mais seguro e fácil de instalar. Aço inoxidável espelhado é igualmente eficaz, mas caro. Há controvérsias quanto a colocar espelhos no jardim, já que os pássaros podem se chocar contra eles ou brigar com seus reflexos. Mas em porões ou corredores estreitos é improvável que causem problemas.

Outra opção para revestir as paredes do subsolo são as trepadeiras, mas tente deixar espaços vazios para não criar uma atmosfera lúgubre.

Privacidade

Quando o jardim fica abaixo do nível da rua ou da casa, geralmente é necessário garantir a privacidade na parte superior. Coberturas permanentes ou vigas cobertas de trepadeiras funcionam bem em jardins de pátios ou em áreas ligadas a residências no nível térreo; contudo, no subsolo, podem tornar o espaço claustrofóbico, além de bloquear a luminosidade. Toldos retráteis fixos são uma opção, assim como guarda-sóis de lona, já que podem ser armados com rapidez e são fáceis de manejar. O único problema é onde guardá-los no inverno.

Uma árvore pequena plantada em um vaso pode oferecer proteção contra olhares indiscretos. Bétula decídua (*Betula*), *Stewartia pseudocamellia* e bordo japonês (*Acer palmatum*) não são muito densas e fazem menos sombra que espécies perenifólias.

Plantas

Muitos jardineiros principiantes veem a sombra como um problema, mas há centenas de plantas que prosperam em locais de pouca luminosidade. É verdade que, nesses lugares, será difícil encontrar várias cores quentes como vermelho e laranja. Contudo, flores em tranquilizantes tons de azul, rosa suave e branco estarão por todo lado. Isso sem falar no verde, que, em todas as tonalidades e gradações, será o destaque. A textura e a forma de samambaias, *Hosta*, buxo (*Buxus*), *Vinca* e *Iris foetidissima* também desempenham importante papel.

Em espaços pouco iluminados é difícil encontrar folhagem prateada – uma das favoritas quando se quer criar contraste –, já que se trata de uma adaptação para refletir a luz do sol. Por isso, *Lamium maculatum* "Beacon Silver", *Astelia chatamica* "Silver Spear", *Brunnera macrophylla* "Jack Frost", *Dicentra formosa* "Langtrees" e *Plectranthus argentatus* são valiosas, pois só não prosperam na sombra mais intensa.

QUESTÕES PRÁTICAS

Acesso: Nos subsolos, considere o acesso para manutenção. Se for muito difícil, opte por espécies de folhas permanentes que exigem poucos cuidados, como buxos, bambus e palmeiras.

Drenagem: A drenagem das superfícies deve ser sempre orientada para um bueiro. Em áreas com lençol freático alto e, portanto, com solo permanentemente molhado, escolha plantas que gostem de umidade, como copos-de-leite (*Zantedeschia*), juncas (*Cyperus*), astilbes (*Astilbe*), *Actaea* e *Leycesteria formosa*, ou cultive-as em canteiros elevados (que também podem servir como assentos) ou vasos.

Superfície: Remover o concreto existente é custoso e complicado. Contudo, se ele for mantido, pode ser a base perfeita para lajotas ou ladrilhos mais finos (desde que não comprometa a impermeabilidade da casa).

No topo: Um jardim de inverno pode não ser grande o suficiente para se tornar um espaço verdadeiramente utilizável, mas, se ficar "verde", será atraente quando visto do interior.

Acima: Pavimentação e tintas claras, aliadas a espelhos (inteligentemente dispostos para se parecerem com janelas), refletem luz no menor dos porões. Juntos, ajudam o espaço a parecer maior.

Esquerda: Em porões sombreados opte por formas e texturas que capturem o olhar – como as de samambaias, fetos (*Dicksonia*), *Luzula sylvatica* e *Astelia* –, já que é improvável que perenes e arbustos floríferos prosperem no local.

ESTUDO DE CASO

Luz lá embaixo

Este subsolo, antes sombrio, passou por uma transformação magistral nas mãos do paisagista George Carter. Baseado em um layout vigoroso e uma atenção cuidadosa para com os detalhes, foi projetado para funcionar de todos os ângulos, inclusive quando visto de cima.

Para trazer luz e vida ao espaço, George usou uma série de truques clássicos. O tanque preto no centro captura o sol e reflete as nuvens que passam, estabelecendo uma relação com o céu. Plantas como copo-de-leite (*Zantedeschia*), *Pittosporum tobira* "Nanum" e *Cyrtomium fortunei* foram escolhidas por causa da folhagem verde lustrosa. À noite, lâmpadas de baixa voltagem dirigidas para cima disparam leques de luz para o céu (a luz também produz sombras sugestivas ao atravessar a folhagem).

A água em movimento constitui um grande ponto focal e nos distrai dos ruídos da rua. Para criar o tanque, George adaptou uma lareira de metal antiga que o cliente adorava. Com o repuxo e uma lâmpada à prova d'água – que, posicionada sob a superfície, produz efeitos tremulantes como chamas –, a peça é um destaque excêntrico, de noite e de dia. O importante é que ela funciona visualmente mesmo quando a água não está ligada – algo a ser considerado ao escolher um elemento aquático para um jardim pequeno.

A própria escada proporciona alguma privacidade, mas George também incluiu "pirulitos" de carpas (*Carpinus*), que formam uma grande mancha de verde e fornecem um "teto" ao jardim, sem bloquear a luz. No resto da área, plantas ocupam todas as paredes, mas não a ponto de dominar o espaço. Madressilvas (*Lonicera*), jasmins-de-leite (*Trachelospermum jasminoides*) e clematites (*Clematis*) sobem por treliças feitas sob medida. Acima, prateleiras pouco profundas abrigam herbáceas e suculentas que gostam de sol, mas não são grandes o bastante para sombrear o espaço abaixo.

Esquerda: A antiga lareira transformou-se em um ponto focal que "ancora" o olhar do espectador e o ajuda a não se sentir oprimido pelas paredes ao redor.

Abaixo: Painéis de aço galvanizado instalados atrás da treliça refletem a luz.

POR QUE ESTE JARDIM REBAIXADO FUNCIONA

- Layout simples, com muita economia de espaço.
- Atmosfera clara e arejada, criada por um projeto cuidadoso e detalhado.
- Piso antiderrapante em harmonia com o estilo arquitetônico.
- Plantas tolerantes à sombra, atraentes o ano todo, e que não chegam a dominar o espaço ou torná-lo sufocante.

Acima: Por segurança, o assoalho em espaços rebaixados deve ter acabamento antiderrapante. Aqui, foram escolhidos tijolos velhos de estábulo, que também complementam belamente a arquitetura antiga do edifício e a escadaria de ferro forjado.

Coberturas e sacadas

O design de sacadas e coberturas tem muito em comum com o design de interiores, já que se trata de acrescentar acessórios a um espaço, e não de empreender uma reforma estrutural inteira. Mudanças ou intervenções na fachada do edifício geralmente estão fora de cogitação, por causa tanto dos regulamentos de construção quanto do custo proibitivo.

Sempre mantenha a simplicidade. Sacadas, em especial, raramente são grandes o suficiente para acomodar mais do que uma mesinha e cadeiras, uma espreguiçadeira ou, às vezes, apenas alguns vasos. Se você não se contiver, fará o interior da casa parecer apertado e claustrofóbico.

Para esses "aposentos ao ar livre", leve em conta o interior na escolha dos materiais – e mesmo das plantas. Os que complementam padrões ou cores encontrados na parte interna ajudam a criar uma transição imperceptível entre interior e exterior.

Vistas

Jardins situados no alto são essencialmente janelas gigantescas para o mundo. Ao escolher e posicionar plantas e outros elementos, aproveite essa característica ao máximo: por exemplo, emoldure as melhores vistas com juníperos (*Juniperus*) colunares ou escolha uma escultura que tenha alguma similaridade com uma edificação que se destaque no horizonte.

Superexposição

A exposição ao vento é um problema comum em sacadas e coberturas. Quebra-ventos de elementos construtivos são uma escolha ruim, porque bloqueiam a visão; além disso, rajadas de vento forte, ao se chocarem contra eles, sobem com força considerável. Prefira lona perfurada, treliça ou ripas de cedro espaçadas, que filtram o vento e maximizam a entrada de luz.

Onde houver espaço, alguns arbustos que toleram ventos, como *Phormium*, *Pittosporum* e *Olearia*, podem oferecer proteção. Em locais muito expostos evite plantas com uma "parte aérea" muito grande; elas secam rápido e nunca se estabelecem direito, já que são constantemente sacudidas pelo vento em seus vasos.

Direita: Uma sacada pequena não deve ficar atravancada; por isso, seja comedido na escolha de plantas e acessórios. Pense na área interna ao conceber os detalhes do projeto... e aproveite a vista!

Acima: Sob alguns aspectos, uma cobertura exposta é similar a uma encosta litorânea. Aqui, a inspiração foi essa – literalmente!

Esquerda: Com proteção, é possível cultivar um amplo leque de plantas como estas, mas, em um local exposto, sua primeira escolha devem ser espécies com folhas prateadas, grossas, cerosas, pilosas ou semelhantes a agulhas e que formem touceiras, já que são naturalmente adaptadas a tais condições.

Para conseguir abrigo contra o sol, o ideal é usar materiais permeáveis ao vento. Coberturas fixas de lona são populares, mas um guarda-sol forte ou mesmo uma tenda temporária, estendida sobre suportes robustos, permitem um uso mais flexível.

Plantas

Devem ser tolerantes ao vento e a condições secas e também capazes de suportar sol ou sombra, dependendo de sua posição. Às vezes, algumas espécies essenciais bastam. Seja qual for sua escolha, deve ter boa aparência pelo máximo de tempo possível, já que em uma cobertura provavelmente não haverá espaço ou suporte suficiente para uma coleção extensa.

Plantas que crescem no topo de encostas ou em litorais são adequadas para coberturas ou sacadas expostas. Plantas alpinas, pinheiros (*Pinus*) anões, touceiras de *Hebe* e ervas mediterrâneas, como tomilho (*Thymus*) e alfazema (*Lavandula*), são ideais. A menos que a sacada seja bem protegida, evite bambus e bananeiras (*Musa*), que secam com rapidez.

QUESTÕES PRÁTICAS

Peso: No que se refere à capacidade de sacadas e coberturas para suportar peso, verifique as plantas da casa. Caso não disponha desses documentos, busque os serviços de um engenheiro, que calculará quanto peso a área pode suportar e como ele deve ser distribuído. (Uma nova cobertura inevitavelmente precisará de autorização.)

Se peso for um problema, vasos de fibra de vidro são mais leves que os de pedra ou terracota. Para a drenagem, use bolas de isopor em vez de pedregulho e cacos de vasos (ver p. 190). Compostos à base de fibra de coco ou cortiça são mais leves do que os produzidos à base de terra. Fixar vasos nas paredes circundantes ajuda, já que serão as paredes, e não o teto, que sustentarão o peso. Se não puder prender os vasos às paredes, pelo menos coloque-os perto delas, para que sustentem parte do peso; e não use muitos vasos, é claro.

Segurança: Qualquer coisa que penda de uma borda é um risco potencial, a menos que esteja bem presa. Se estiver pensando em elevar o assoalho com deques ou revestimentos, não se esqueça de que os parapeitos devem ter uma altura mínima.

Acesso: Para a entrega de plantas e materiais, leve em conta a largura das escadas e portas.

Irrigação: Um sistema de irrigação com *timer* é útil, mas nem todos os espaços têm torneira externa. Restrinja a quantidade de plantas a um número que você seja capaz de regar manualmente.

Regras e regulamentos: A maioria dos apartamentos está sujeita a regras estritas no que se refere a quaisquer mudanças que não sejam de plantas em vasos. Estruturas como pérgulas e mesmo andaimes e corrimãos geralmente precisam de permissão da autoridade competente.

ESTUDO DE CASO

Lá em cima

Um refúgio contra a confusão urbana foi radicalmente aprimorado pela paisagista Sara-Jane Rothwell. Este jardim de cobertura é um lugar perfeito para o lazer ao ar livre – e nas alturas.

Ninguém pode dizer que coberturas e sacadas sofrem de "falta de paisagem"; na verdade, elas são dominadas por ela. Para refletir isso, neste caso, Sara-Jane optou por um layout limpo e um uso moderno de materiais.

Tijolos envelhecidos e deques cor de mel são uma combinação clássica e, junto com outros materiais, ecoam as linhas e cores das edificações circundantes. Isso ajuda a fundir sutilmente o projeto à linha do horizonte.

Deques são perfeitos para coberturas e sacadas, pois, além de fáceis de limpar, são quentes, o que permite às pessoas andar descalças. As vigas de sustentação podem ser presas às paredes, aliviando o peso sobre o teto; a água da chuva também pode escoar por baixo delas até o sistema de drenagem já existente. Sara-Jane escolheu cipreste (*Thuja plicata*), mas madeiras de lei como ipê ou *Shorea laevis* (adquiridas em fontes sustentáveis – procure um rótulo da FSC ou do Cerflor) também são boas escolhas. Inteligentemente, a paisagista usou o mesmo material para fazer um longo banco embutido – que economiza espaço e tem características esculturais.

Este jardim, porém, tem muito mais do que uma relação com a cidade ao fundo. Como recorda Sara-Jane, "o lugar estava simplesmente gritando por plantas!" As fronteiras são

Acima: Antes da transformação, esta cobertura era funcional, mas encardida e sem graça. Já era possível, porém, perceber o potencial da vista!

Direita: As plantas escolhidas suavizam e complementam a vigorosa geometria do entorno.

Abaixo: Pegar paisagens "emprestadas" é a maneira mais fácil de fazer um espaço parecer maior – e não há ponto focal melhor do que uma torre de igreja.

Acima: Um projeto simples, elegante – e ao mesmo tempo farto – funde-se imperceptivelmente ao entorno.

ocultadas por jardineiras galvanizadas elevadas, que ajudam a aumentar a altura das plantas e a encher o espaço de cores. Para unificar o espaço, foram incluídas espécies benéficas para a vida silvestre, como *Sedum* "Matrona", *Stipa tenuissima*, *Penstemon* "Andenken an Friedrich Hahn", *Linaria purpurea*, *Achillea millefolium* "Cerise Queen" e *Gaura lindheimeri*, que se repetem regularmente neste jardim moderno, nos moldes de uma pradaria, o que contribui para suavizar a geometria vigorosa, contrastando com ela.

POR QUE ESTE JARDIM DE COBERTURA FUNCIONA

- Espaço funcional e flexível para relaxar, receber amigos e servir refeições.
- Adequação plena ao local e à arquitetura circundante.
- Seleção moderna de materiais, mas limitada.
- Layout audacioso e simples.
- Plantas fáceis de manter e benéficas para a vida silvestre, além de tolerantes à seca e a locais expostos.

PLANTANDO O JARDIM URBANO

As plantas são a alma do jardim urbano. Elas trazem cor e perfume para a vida, alimentos saborosos para a mesa e nos colocam em contato com a natureza – algo que muitas vezes esquecemos quando somos dominados pelo burburinho e agitação da vida na cidade.

As plantas são guardiãs essenciais da fauna; árvores, em particular, abrigam e alimentam diversas aves, mamíferos, insetos e invertebrados que, muitas vezes, contribuem com nossas tarefas de jardinagem. Polinizando plantas e exterminando pragas, eles colaboram para a produção de flores, frutas e hortaliças.

Fazer projetos de design com plantas é particularmente instigante, já que há muitas para escolher, em todas as cores, tamanhos e formas, para qualquer ambiente imaginável.

Além disso, nenhuma outra forma de arte permite uma variação sazonal tão espetacular. Dos amarelos brilhantes da primavera aos tons de laranja flamejantes do outono, sempre há mudanças ao longo do ano. Com planejamento cuidadoso, um jardim pode trazer novidades a cada semana.

Admito que, para jardineiros principiantes, elas podem ser intimidadoras, mas, acredite, ninguém nasce com "mão boa" para plantas. O gosto por seu cultivo vai dominando e isso não leva muito tempo. Há inspiração de sobra: livros, jardins públicos, famosas exposições de flores; logo você aprenderá a criar combinações que estimulem os sentidos.

Este capítulo o ajudará no design com plantas, mas aprenda a gostar da imprevisibilidade: algumas das combinações mais surpreendentes acontecem por acaso!

A planta certa no lugar certo

Com tantas espécies disponíveis, como escolher? Primeiro, é importante escolher plantas que combinem com o jardim, seguindo o velho adágio: a planta certa no lugar certo. Plantas que gostam de sol exigem sol; plantas que gostam de sombra precisam de sombra; plantas aquáticas precisam de muita água, enquanto cactos precisam de pouca. Forçá-las a crescer em lugares inadequados resulta em espécimes estressados, suscetíveis a pragas e doenças e que exigem muito mais atenção e cuidado.

Algumas características podem ser controladas pelo projeto – é possível posicionar cercas a fim de filtrar ventos fortes ou aplicar calcário para corrigir a acidez do solo, por exemplo – mas, às vezes, essas soluções não são sustentáveis. Em geral, é melhor trabalhar com o que se tem.

Ao lado: Para muitas pessoas – eu inclusive – as plantas trazem muito mais beleza para o jardim do que elementos construtivos de paisagismo. Além disso, a maioria delas desempenha papéis inestimáveis na estética do ambiente.

Direita: Em jardins de coberturas quentes e expostos ao vento, é imperativo escolher plantas como cambará-de-capoeira (*Verbena bonariensis*), festuca (*Festuca*), agapanto (*Agapanthus*), abrótano (*Arthemisia abrotanum*), agave e palmeiras anãs como a *Chamaerops humilis*, que se adaptam naturalmente a essas condições inclementes.

Pistas da natureza

A maneira mais fácil de acertar é escolher plantas cujo hábitat natural seja parecido com o do jardim. Para coberturas expostas, plantas litorâneas e de altitude como *Centranthus* e *Armeria* são ideais. Para terrenos rebaixados e úmidos, escolha plantas que gostam de umidade e sombra nas florestas, como samambaias e *Hosta*. A seleção de espécies compatíveis com o ambiente também significa uma probabilidade maior de que combinem visualmente entre si, já que compartilham características similares (como tamanho, forma e cor das folhas) e provavelmente crescem juntas em condições selvagens.

Para aproveitar essas "lições" da natureza, não é preciso ser especialista em botânica. Alguns jardineiros observam onde as plantas crescem naturalmente para obter inspiração e aprender a lidar com áreas problemáticas no jardim. Tal filosofia é exemplificada pela jardineira Beth Chatto e pelos paisagistas Dan Pearson, Wolfgang Oehme, James van Sweden e Piet Oudolf.

Acima: Por associação de ideias, as plantas podem evocar um lugar específico. Aqui, pés de *Amelanchier* com samambaias plantadas embaixo fazem este jardim de frente urbano parecer a borda de uma floresta.

Abaixo: Samambaias, hera (*Hedera*), *Heuchera* e *Bergenia* prosperam em uma parede viva neste corredor lateral sombreado – condições similares às encontradas em seu hábitat natural.

O QUE VOCÊ PRECISA SABER

Além do clima (ver p. 105) e do solo, também é importante entender o comportamento das plantas. Isso influencia a escolha, o modo e o local de cultivo.

CICLOS VITAIS

Anuais e bianuais	Anuais vivem um ano, bianuais – como dedaleira (*Digitalis*) e miosótis (*Myosotis*) – dois anos. Anuais semirresistentes ao frio – boca-de-leão (*Antirrhinum*) e maria-sem-vergonha (*Impatiens*), etc. – não toleram geadas, mas as bianuais sim. Todas florescem rapidamente. Semeie as semirresistentes ao frio em sementeiras, em local protegido; depois, plante-as ao ar livre, quando não houver mais risco de geada; as plantas resistentes ao frio podem ser semeadas *in situ*. Uma característica útil de plantas bianuais e de algumas anuais resistentes ao frio é que elas se propagam por sementes sem nenhuma ajuda.
Perenes	Plantas de crescimento rápido como *Nepeta* e *Sedum* são interessantes o ano todo, mas não desenvolvem uma estrutura lenhosa. Samambaias, gramíneas ornamentais, muitas alpinas e a maioria das plantas aquáticas se enquadram nesta categoria. Algumas perenes não perdem as folhas, mas a maioria delas é composta por herbáceas cuja parte aérea morre no inverno e renasce na primavera. Muitas formam touceiras ou tapetes densos; outras se espalham por meio de caules rastejantes ou rizomas.
Bulbos, cormos e tubérculos	Bulbos (por exemplo, o narciso ou *Narcissus*), cormos (o croco ou *Crocus*) e tubérculos (por exemplo, a *Eranthis hyemalis*) também são herbáceas, mas possuem órgãos para armazenagem de alimento que lhes permitem permanecer dormentes por longos períodos, antes de começarem a crescer quando surgirem as condições perfeitas, o que geralmente ocorre na primavera.
Árvores e arbustos	Esta categoria abrange as estruturas lenhosas permanentes, geralmente com um caule só no caso das árvores ou com muitos no caso dos arbustos. Coníferas, assim como árvores e arbustos perenifólios (e trepadeiras), conservam as folhas durante o inverno; os decíduos, não.
Trepadeiras	A maioria delas (por exemplo, a glicínia ou *Wisteria*) é lenhosa, mas algumas trepadeiras de crescimento rápido (por exemplo, ervilhas-de-cheiro ou *Lathyrus*) são anuais. Algumas precisam de suportes robustos; outras (por exemplo, a hera ou *Hedera*) sobem sem ajuda. Alguns arbustos também apreciam o apoio e o calor de uma parede.

Direita: Bulbos como estas cebolas ornamentais (*Allium*) são perfeitos para pequenos jardins urbanos. Quando plantados entre perenes de copas vazadas – que ajudam a esconder os caules espalhados –, é possível obter explosões de cor no mesmo lugar em diferentes ocasiões do ano.

Tamanho e vigor

Plantas de grande porte em jardins urbanos não funcionam, já que precisam de poda constante e logo ficam grandes demais para o local. O crescimento também é importante: exceto quando usadas isoladamente, plantas que se alastram demais não são boa escolha, pois logo dominam o espaço. Às vezes, porém, plantas normalmente bem comportadas – em especial plantas marginais e perenes originárias de clima quente – também podem se tornar agressivas, sobretudo se apertadas em um canteiro estreito. Mesmo que disponha de pouco espaço, sempre escolha as espécies tendo em mente o vigor de seu crescimento e seu tamanho na maturidade. E lembre que, em um jardim urbano, é preciso estar preparado para dividir touceiras e podar arbustos mais que de costume.

No caso das árvores, é particularmente importante selecionar as que tenham o tamanho e vigor adequados para seu jardim. Também examine com cuidado as plantas que crescem devagar – crescimento lento não significa tamanho pequeno na maturidade.

E quanto à manutenção?

A manutenção é um fator central na hora de selecionar as plantas do jardim. De quanto tempo dispõe? Jardins com gramado, frutas e hortaliças, coleções de vasinhos, diversas anuais, bianuais, topiaria, roseiras e perenes altas, que precisam de estaqueamento, exigem manutenção intensiva. Em contrapartida, projetos de baixa manutenção, que exigem cuidados simples, usam vários arbustos, coníferas, gramíneas ornamentais, roseiras, perenes robustas e que formam touceiras, além de forrações que não se alastram demais, exigirão poucos cuidados. Lembre, porém, que não existe jardim sem manutenção.

Plantas existentes

Árvores adultas e arbustos de maior porte oferecem muitos benefícios, como privacidade e hábitats para a fauna urbana.

Direita: Este espetacular cenário de floresta, cheio de bambus (*Phylostachys edulis*), samambaias e palmeiras, precisa de pouquíssima manutenção; basta arrancar regularmente as ervas daninhas e desbastar as plantas que oxigenam o tanque.

Abaixo: Arranjos grandes, cheios de perenes – incluindo, neste caso, dedaleiras (*Digitalis*), *Geranium phaeum* "Album" e *Aquilegia alpina* – exigem muito cuidado para dar certo.

Pense com cuidado antes de removê-los. A sombra de uma árvore pode atrapalhar o gramado, mas será que isso é tão ruim que justifique sua remoção? Ela pode muito bem estar mascarando uma vista desagradável, que só perceberá depois de derrubá-la. Às vezes, um arborista profissional faz maravilhas com uma poda criteriosa. Outras, porém, será preciso ser impiedoso; contudo, não use o machado sem pensar: você realmente pode vir a sentir falta das plantas derrubadas.

Árvores pequenas e arbustos situados no lugar errado (ou que façam parte de combinações que não funcionaram) podem ser transplantados (ver p. 110). O segredo é minimizar o dano ao sistema radicular. Pode-se remover plantas de menor porte sozinho, mas será preciso de assistência no caso de árvores com diâmetro (medido à altura do peito, em torno de 1,2 m do solo) superior a 12 cm e de arbustos mais altos que um homem, pois o tamanho dificultará o manuseio.

TRANSFERINDO PLANTAS MAL SITUADAS

Em climas frios, a melhor época para transplantar arbustos decíduos, roseiras e árvores é entre o fim do outono e o início da primavera; no caso de plantas perenifólias e coníferas, entre meados do outono e início ou meados da primavera.

Roseiras e cercas vivas decíduas de baixa estatura (menos de 50 cm de altura) podem ser retiradas com as raízes nuas (livres de solo). Contudo, para transplantar com sucesso árvores e arbustos decíduos maiores e todas as perenifólias, é preciso um torrão de solo que envolva o máximo possível do sistema radicular, especialmente as partes mais jovens e fibrosas, que absorvem nutrientes.

1 Escolha um dia seco, quando o solo não estiver congelado nem encharcado. Amarre brotos e ramos sem apertar muito, depois remova o máximo de cobertura morta ao redor da planta para facilitar o acesso às raízes.

2 No caso dos arbustos, corte o torrão a pelo menos 30 cm de distância do caule; no caso de árvores de 3 a 4 anos, observe uma distância de 1,2 m a 1,5 m; no caso de plantas como a magnólia e *Daphne*, que se ressentem de perturbação nas raízes, dê mais distância ainda; para perenes e arbustos novos, uma distância de 15 cm a 20 cm é suficiente. Enfie a pá, mantendo a lâmina ereta, e, movimentando-a como uma tesoura, de um lado para outro, rodeie toda a planta; não comece a forçar a planta para fora ainda.

3 Depois de ter recortado um círculo ao redor da planta, enfie a pá por baixo do torrão, o mais profundamente que puder, em vários pontos, até que quaisquer raízes por baixo dele sejam quebradas ou afrouxadas. Se encontrar raízes muito grossas, use um tesourão ou uma serra. No caso de plantas muito grandes, cave primeiro uma faixa estreita e profunda em torno e faça o corte com a pá a partir dessa faixa; isso ajudará a minimizar danos desnecessários.

4 Plantas pequenas podem ser retiradas com facilidade. No caso das maiores, o torrão precisa ser cuidadosamente sustentado. Chame outra pessoa para ajudar: cada um enfia uma pá por baixo, dividindo o peso do torrão entre as duas, e movendo-o depois para uma lona. Nunca retire a planta puxando-a pelo caule. Para espécimes de maior porte, use a lona como tipoia: passe-a por baixo do torrão, junte as pontas e ice a planta. Conforme o tipo de solo, o torrão será mais ou menos quebradiço: solos grudentos de argila são fáceis de mover, mas os arenosos se desfazem rapidamente e precisam ser manuseados com cuidado.

5 Retirada a planta, apare as raízes danificadas com uma tesoura de poda; o corte deve ser preciso, sem rebarbas.

6 Replante o torrão na nova cova, na mesma profundidade em que se encontrava. Se não quiser plantar imediatamente, mantenha o torrão coberto com estopa ou lona, para que não resseque. Após o plantio, regue bem e cubra a superfície com uma camada de composto de dez centímetros de espessura. Árvores acima de 1,5 m precisam do apoio de estacas.

Acima: Se receberem água nos períodos secos durante mais ou menos um ano, além de fertilizantes de uso geral, como farinha de sangue, peixe ou osso, a cada primavera, durante 2 ou 3 anos, as plantas devem se restabelecer bem.

Princípios para o plantio urbano

Acima: O roxo dos gerânios (*Geranium*) e o prateado das alfazemas (*Lavandula*) são vitais neste arranjo, e é o elemento repetitivo que ajuda a dar unidade ao resto do conjunto.

Simplicidade

Quando cada centímetro é precioso, há sempre uma disputa entre o espaço das plantas e o das pessoas. Uma seleção de plantas contida sempre funciona melhor, seja em um luxuriante oásis urbano, seja em esquemas despojados com espécies esculturais. Acredite: infelizmente, nunca haverá espaço para todas as suas favoritas!

Estilo e tema

Muitas plantas são cheias de personalidade e às vezes basta uma delas para orientar todo o projeto. A topiaria evoca um estilo formal clássico, ao passo que uma vistosa florada de clematites (*Clematis*) no verão é romântica e informal. Algumas plantas são sinônimo de certos temas: bambus e bordos japoneses (*Acer palmatus*) sugerem um jardim oriental, ao passo que as exóticas bananeiras (*Musa*) e o lírio-do-brejo (*Hedychium*) remetem a uma floresta tropical. Para que um projeto mantenha a coesão, o estilo ou tema escolhido é que deve determinar as plantas a serem usadas.

Apesar da popularidade que vêm desfrutando, estilos naturalistas raramente funcionam em jardins pequenos. Primeiro porque é preciso espaço para apreciá-los, segundo porque se valem de anuais ou perenes que só florescem na metade ou no final da estação, o que acarreta uma porção de vazios durante o inverno e o outono. Isso não significa que devem ser completamente ignorados.

Perenifólias esculturais funcionam melhor em espaços muito pequenos, mas, em jardins maiores, não há por que não transformar parte do gramado em um pequeno prado, particularmente se for adjacente a uma área florestada ou parque. Essa também pode ser uma excelente maneira de atrair animais benéficos e reduzir os custos de manutenção.

Harmonia, repetição e ritmo

A repetição é o que distingue um plantio planejado de outro que simplesmente "se desenvolveu". Ela dá sensação de integração ao projeto e ajuda a impor um pouco de ordem – o que não é ruim quando há uma série de elementos disputando a atenção no jardim.

A repetição também traz ritmo ao esquema de plantio, como faz na música, e isso ajuda a dar sentido à composição. Ritmos fluidos e naturais são resultado de um ordenamento das plantas em faixas graciosas. Um ritmo regular ocorre quando uma planta ou grupos de plantas têm espaçamentos equidistantes, ou quando os grupos têm o mesmo tamanho ou comprimento. Ritmos progressivos seguem uma gradação de altura ou cor – vermelho transformando-se em laranja e depois em amarelo, por exemplo. Esse arranjo pode ser usado, entre outras coisas, para indicar o caminho de um espaço a outro.

Estratos de interesse

Um princípio básico do paisagismo é ordenar as plantas em estratos, levando em conta sua altura. Em jardins pequenos, além de aproveitar melhor o espaço, essa medida faz com que cada planta se torne um pano de fundo para as outras ao redor. Importante: também torna menos provável que plantas mais altas lancem sombra sobre as menores. Por causa do tamanho, árvores, arbustos e trepadeiras grandes formam o plano de fundo; os arbustos menores, roseiras e perenes mais altas estão no intermediário, enquanto as perenes menores e a maioria dos bulbos ocupam o estrato inferior, na parte da frente do canteiro ou bordadura.

Acima: A repetição, em especial no primeiro plano ou a forração, como neste caso, permite ao espectador estabelecer ligações agradáveis, aparentemente inconscientes, entre formas e cores similares.

Abaixo: Neste projeto "selvático" simples, mas eficiente, árvores floridas (*Cornus*), samambaias e *Liriope muscari* foram dispostas à margem do caminho em estratos baseados na altura.

Acima: Esta faixa vermelha de papoulas (*Papaver commutatum* "Ladybird"), juntamente com *Geranium pyrenaicum* "Bill Wallis", de flores lilás, destaca-se por causa do verde ao redor – o verde é sua cor complementar.

Cores

A cor é uma das ferramentas mais poderosas à disposição do paisagista. Ela pode criar determinada atmosfera, despertar emoções e até mesmo fazer o jardim parecer maior.

Cor e atmosfera

Para sugerir calma e tranquilidade, use cores frias e suaves, como amarelo pálido, azul-claro e rosa esmaecido. Cores neutras mais quentes e aconchegantes podem ter efeito similar, e ainda abrangem plantas com as mais diversas texturas, um atrativo a mais. O verde aconchegante é particularmente útil pela capacidade de acalmar e revitalizar o espírito.

Cores quentes e brilhantes são vivazes e excitantes. Se quiser estímulo sensorial, escolha laranja, vermelho e amarelo. Apesar de tecnicamente não serem cores, o prata e o branco ajudam a suavizar combinações "berrantes". Outra utilidade é que eles destacam cores recessivas como o azul. O prata e o branco também sobressaem nos dias encobertos.

Nossa percepção da cor

A cor pode afetar nossa percepção de tamanho. Cores dominantes, como o laranja, prendem o olhar; portanto, use-as perto da casa, não na cerca dos fundos. No fundo, escolha cores mais frias, que parecem recuar na distância e dão a ilusão de profundidade.

O fundo tem uma forte influência no efeito das cores: por exemplo, se o roxo está sobre um fundo verde-escuro, funde-se a ele, ao passo que, sobre um fundo verde-claro, destaca-se. Considere isso com cuidado, especialmente se for pintar paredes "vistosas" e depois plantar diante delas.

A luz também tem impacto sobre a cor. Ao sol, as cores parecem mais fortes e brilhantes; à sombra, mais suaves e agradáveis. Isso explica por que os vívidos azuis do Mediterrâneo não funcionam bem em regiões mais frias, onde a luz é mais fraca e, portanto, tons terrosos funcionam melhor.

Direita, em cima: Este harmonioso esquema em verde, com o prata da *Verbascum bombyciferum* "Polarsommer" e o branco da *Salvia × sylvestris* "Schneehügel", promove uma atraente mistura de formas e texturas contrastantes.

Direita, centro: O laranja-amarronzado da *Achilea* "Walther Funcke" e o azul da *Allium caeruleum*, rodeados pela gramínea *Anemanthele lessoniana*, formam uma adorável combinação de tons complementares.

Direita, embaixo: Um harmonioso esquema cromático em lilás, roxo e azul, formado por alfazema (*Lavandula*), cravinas (*Dianthus*) e *Campanula poscharskyana*, destaca-se contra um fundo de jasmins-de-leite (*Trachelospermum jasminoides*).

O CÍRCULO CROMÁTICO

Usado por artistas e designers, o círculo cromático é um valioso ponto de partida para a combinação eficaz de cores.

Harmônicos dão preferência a cores adjacentes no círculo: por exemplo, roxo e lilás, ou vermelho, amarelo e laranja. É a maneira mais fácil de obter um visual coerente.

Complementares são combinações que usam cores opostas no círculo: amarelo-canário e violeta, por exemplo. São associações intensas e podem se destacar em excesso, especialmente em um jardim pequeno; portanto, use-as com cuidado. Para contrastes mais suaves, escolha tons pastéis e nuances mais claras: amarelo prímula e lilás esbranquiçado, por exemplo.

Monocromáticos são formados por tonalidades e nuances de uma mesma cor. São úteis como transições serenas entre outras combinações, mas em grande escala podem se tornar tediosos.

Combinações policromáticas (e triádicas) de tons de violeta, vermelho, azul, amarelo e laranja são incrivelmente excitantes, mas devem ser usados com parcimônia. O visual funciona bem quando perenes de aspecto mais selvagem são misturadas a gramíneas cor de aveia, mas não em espécies de floração estival reunidas em grandes maciços.

Forma e textura

A forma de uma planta – sua configuração em três dimensões – é sua característica mais notável, e geralmente é com ela que paisagistas iniciam o trabalho. Plantas de todas as formas têm características esculturais, só que em algumas isso é mais notável. Plantas colunares, espinhosas ou com ramos pendentes constituem ótimos pontos focais, seja sozinhas (em um vaso, por exemplo), seja pontuando um grupo de outras plantas – um junípero (*Juniperus*) conduzindo o olhar para o céu, por exemplo. Formas mais suaves, arredondadas e horizontais são igualmente valiosas – são relaxantes e contrastam com formas audaciosas.

A silhueta da planta não é o único elemento a ser considerado. Flores e cápsulas de sementes também têm formas singulares: por exemplo, as flores de *Eremurus* formam grupos dispostos verticalmente, enquanto as de *Achillea filipendulina* se agrupam em arranjos largos e planos. É possível justapor formas diferentes para obter contraste, ou fundir formas similares para um visual mais harmônico.

A regra áurea é não misturar muitas formas vigorosas, já que o excesso de contraste será desconfortável para o olhar. Em vez disso, limite-se a duas ou três, e talvez mais uma para constituir um ponto focal e contrastar com as outras ao redor.

Por sua vez, a textura da planta é a aparência superficial de suas folhas, cascas, flores, cápsulas de sementes e frutos. Só pode ser percebida de perto: acabamentos lustrosos ou foscos são afetados pela luz; folhas com pelos ou penugens pedem para ser acariciadas! Arranjos monocromáticos, como selvas verdejantes ou jardinzinhos com apenas algumas perenifólias, podem ficar mais interessantes com a inclusão de espécies de textura contrastante. A textura dos elementos construtivos também deve ser levada em conta.

Esquerda: Flores e cápsulas de sementes são cheias de formatos. No caso de flores de florescimento tardio, como *Sedum* (**em cima**), alcachofra (*Cynara scolymus*) (**centro**) e *Phlomis russeliana* (**embaixo**), as cápsulas de sementes resistirão durante boa parte do inverno, enquanto o tempo permanecer seco.

Acima: Em locais expostos ao vento, como sacadas e coberturas, ervas de baixa estatura e folhas aromáticas são preferíveis a espécies cujo perfume venha das flores: ele será dissipado pelo vento antes que possa ser apreciado.

Perfume

O perfume traz uma deliciosa dimensão ao projeto de paisagismo e pode ser usado para reforçar seu estilo tanto ao sol como à sombra e durante o ano inteiro. Se possível, escolha espécies que exalem perfume em momentos diferentes. Algumas o guardam para a noite: se quiser relaxar ou receber amigos após o serviço, experimente goiveiros (*Matthiola longipetala* subsp. *Bicornis*), boas-noites (*Ipomoea alba*) e açucenas-brancas (*Lilium candidum*).

Eu divido o perfume em três grupos, o que ajuda a determinar onde plantas específicas funcionam melhor. São eles: perfumes livres; perfumes para sentir de perto e perfumes liberados por toque.

Os perfumes livres são encontrados em plantas como o lírio real (*Lilium regale*), o jasmineiro comum (*Jasminum officinale*) e a madressilva (*Lonicera periclymenum* "Graham Thomas"), que são abundantes e exalam um perfume potente, às vezes até demais. São ideais para mascarar odores urbanos.

Já os perfumes para sentir de perto são mais sutis. O lilás (*Syringa*), o viburno (*Viburnum*) e muitas rosas (*Rosa*) estão neste grupo. Abrigue-as perto da casa ou do pátio, assim não terá de ir muito longe para apreciá-las. Perfumes delicados, como o do lírio-do-vale (*Convallaria*), exigem plantio em massa para ter efeito.

Finalmente, os perfumes liberados por toque vêm das folhas de plantas como a alfazema (*Lavandula*) e a sálvia (*Salvia*). Use-as junto a caminhos, pátios ou áreas com assentos, para que estejam sempre ao alcance da mão.

Acima: Em projetos modernos cheios de herbáceas perenes, gramíneas duráveis como a *Stipa tenuissima* exercem um importante papel estrutural e são comumente usadas em grupos repetidos.

Direita: Funcionando como um muro ou cerca, o bambu-preto (*Phyllostachys nigra*) e uma variedade acobreada de faia (*Fagus sylvatica* f. *purpurea*) ocultam do resto do jardim este refúgio quase secreto.

Os papéis das plantas

Bons jardineiros sabem que as plantas não são meros ornamentos: elas na verdade exercem uma variedade de papéis. Para saber onde colocar o que, divida sua lista de espécies potenciais em dois grupos: plantas estruturais (as que dão coesão ao esquema) e plantas ornamentais, que concentram a maior parte da cor e do interesse. Algumas plantas se enquadram em ambas as categorias – o que é uma vantagem, especialmente quando o espaço é limitado.

As delimitadoras do espaço

Plantas estruturais – sejam elas um único exemplar de bom tamanho ou grupos de cinco, sete ou mais – formam a estrutura ou "espinha dorsal" do projeto. A maioria delas tem aparência modesta, mas, ao mesmo tempo, uma presença que ajuda a conferir unidade ao esquema. Também atuam como pano de fundo para estrelas mais chamativas e, se forem grandes o bastante, criam bolsões onde podemos apreciar combinações menores que normalmente se perderiam.

Em uma escala maior, plantas estruturais também podem delimitar diferentes espaços no jardim. Podem ser espaços de recreação para as crianças, áreas de lazer ou simplesmente um lugar para empilhar a grama cortada.

"Paredes" externas

Cercas vivas, arbustos, bambus e gramíneas ornamentais de vida longa formam as "paredes" externas. Como segurança é importante nas cidades, a maioria das plantas estruturais empregadas para essa finalidade é perenifólia, ainda que alguns arbustos e cercas vivas decíduas com forma vigorosa também funcionem. Posicionar essas plantas com um "olhar de designer" ajuda a conferir aos espaços uma identidade própria, a atiçar a curiosidade quanto ao que se verá dobrando a esquina, a focalizar cenários em cada espaço e a determinar

a direção em que se caminha pelo jardim. Se essas plantas estiverem acima do nível da cabeça, oferecerão privacidade e proteção; se mais baixas do que isso, delimitarão os espaços sem criar uma atmosfera opressora.

Se quiser divisórias altas em um espaço apertado, cercas vivas formais, árvores entrelaçadas (cercas vivas "montadas em pernas de pau", como eu as chamo), touceiras de bambus e gramíneas ornamentais altas como a *Miscanthus sacchariflorus* são ideais, pois são altas e ao mesmo tempo finas, podendo ser comprimidas em espaços menores.

Plantas que formam o "teto"

Se as cercas vivas são as paredes, as árvores formam o teto. Sob a copa cria-se instantaneamente uma área para contemplação ou um recanto para refeições. Perenifólias, especialmente as de copa baixa, formam espaços mais íntimos, enquanto árvores decíduas menos densas formam espaços mais arejados – perfeitos para quem gosta de comer ao ar livre. Contudo, tente obter um meio-termo, já que árvores ou cercas vivas perenifólias podem, incidentalmente, deixar partes do jardim na sombra, sobretudo no inverno. Uma árvore decídua pode ser uma alternativa melhor.

Plantas-chave ou destaques
Também são plantas estruturais, mas geralmente são as mais características do grupo e, portanto, ajudam a estabelecer o estilo ou tema do projeto. Sozinhos, arbustos de formas marcantes, como o fórmio (*Phormium*), palmeiras e topiaria tornam-se pontos focais úteis para atrair o olhar ou realçar elementos específicos. Perenes e gramíneas ornamentais executam papel similar se usadas em massa, além de ajudar a integrar o conjunto.

Plantas de preenchimento
Um grupo grande, incluindo arbustos decíduos e roseiras (*Rosa*) menores, gramíneas ornamentais, perenes e anuais, preenche o espaço entre as perenifólias estruturais e decíduas. Aqui, pode-se brincar com combinações coloridas e ajudar a reforçar um estilo ou tema específico. Vejo essas plantas como as estrelas do *show*, mas só é possível apreciar sua *performance* depois de criado o palco com plantas estruturais.

Acima: Bulbos como cebolas ornamentais (neste caso, *Allium* "Mont Blanc") enfatizam forma e cor com perfeição. Eles contrastam com a forração leve ao redor. Também se harmonizariam bem com buxos podados em forma de esfera (**esquerda**).

Esquerda: Com uma forma contrastante forte, essas esferas de buxo (*Buxus*) são ótimos destaques e ajudam a reforçar o estilo. Ao se repetirem em grupos ao redor do jardim, desempenham um importante papel estrutural.

Valendo-se de sua capacidade de criar contrastes, plantas de meia altura devem complementar as outras a seu redor. Isto é, se as plantas ao redor têm atributos marcantes, as adjacentes devem ter características mais neutras.

Na parte da frente de um canteiro ou bordadura, as perenes estarão em maioria. Para realçá-las, os paisagistas costumam usar perenifólias e arbustos decíduos baixos (às vezes chamados subarbustos) como alfazema (*Lavandula*), sálvia (*Salvia*) e *Pittosporum tobira* "Nanum".

Plantas de realce

As plantas desta categoria dão continuidade ao tom ditado pelas plantas-chave, mas atuam em escala menor. Ao contrário das plantas-chave, as de realce não funcionam bem sozinhas e, portanto, para ter impacto, precisam ser plantadas em grupos. Faixas de bulbos ou perenes chamativas como cebolas ornamentais (*Allium*), tulipas (*Tulipa*) e *Liatris spicata* são comuns, plantadas em conjunto com gerânios (*Geranium*) e alfazemas (*Lavandula*) para dar contraste. As plantas de realce em geral ficam em primeiro plano, mas em canteiros maiores podem ser colocadas também perto do fundo, chamando a atenção para o meio do projeto. Se repetidas ou ecoadas ao longo da composição, ajudam a lhe dar coesão.

Forrações

Um conjunto diversificado – porém importante – de perenes, gramíneas, samambaias, arbustos e coníferas com ramos deitados, são plantas que se espalham e cobrem o solo, suprimindo ervas daninhas e formando um rico tapete de cores e texturas, muitas vezes durante o ano todo. Por causa do tamanho, a maioria dessas forrações é colocada na frente do canteiro; contudo, elas também podem ser recuadas, para criar a ilusão de profundidade.

Na composição das forrações, a repetição é muito comum, com plantas iguais ou similares aparecendo em todo o projeto. A meu ver, gramíneas ornamentais ou perenes mais baixas como *Nepeta*, *Astrantia* e *Bergenia* funcionam muito bem, além de ficarem perfeitas com bulbos de primavera.

CULTIVANDO BULBOS NO GRAMADO, EM CANTEIROS E SOB ÁRVORES

Bulbos são luzidios e criam blocos de cor sem ocupar praticamente nenhum espaço. Ideais para vasos, também ficam ótimos quando cultivados informalmente sob árvores, em pequenos gramados ou entre perenes de aspecto delicado como o gerânio (*Geranium*).

Sempre deixe que as folhas dos bulbos sequem naturalmente ou, pelo menos, espere seis semanas antes de cortá-las – a qualidade das flores do ano seguinte dependerá disso. Leve isso em conta também ao posicioná-los: depois de florescer, os bulbos ficam feios por algum tempo, por isso é melhor situá-los em partes do gramado mais distantes da casa, em meio a perenes, que ocultarão sua folhagem enquanto ela amarelece e morre.

Quase todos os bulbos precisam de solo fértil e bem drenado, mas alguns, como o dente-de-cão (*Erythronium dens-canis*), a *Fritillaria* e a *Camassia leichtlinii*, preferem solo levemente úmido. Bulbos que florescem na primavera devem ser plantados no outono. Bulbos resistentes ao frio e que florescem no verão também podem ser plantados no outono, mas as espécies com pouca resistência ao frio, como a palma-de-santa-rita (*Gladiolus communis* sub. *Byzantinus*), devem ser plantadas na primavera.

BULBOS (OU CORMOS E RIZOMAS) ADEQUADOS PARA CULTIVO

Canteiros ensolarados

- *Camassia leichtlinii*
- *Fritillaria meleagris*
- *Gladiolus communis* subsp. *Byzantinus* (palma-de-santa-rita)
- *Leucojum aestivum*
- *Lilium martagon* (lírio martagão)
- *Muscari latifolium*
- *Narcissus obvallaris*
- *Narcissus poeticus* var. *recurvus* (narciso)
- *Narcissus* 'Thalia'
- *Ornithogalum nutans*

Canteiros semissombreados/grama/bosque/sob árvores

- *Anemone nemorosa*
- *Chionodoxa luciliae*
- *Crocus chrysanthus*
- *Crocus tommasinianus* e cultivares
- *Cyclamen coum*
- *Cyclamen hederifolium*
- *Eranthis hyemalis*
- *Erythronium dens-canis* (dente-de-cão)
- *Galanthus nivalis*
- *Hyacinthoides non-scripta*
- *Scilla siberica*

Ao lado, em cima: Ao lado dos crocos (*Crocus*), os narcisos (*Narcissus*) são os bulbos mais fáceis de cultivar. Crescem com vigor em quase todos os solos, exceto os muito úmidos.

1 Encontre uma área em um canteiro ou na borda do gramado onde você possa deixar a grama crescer. Para facilitar o plantio, apare a grama de modo que todo o gramado fique da mesma altura. Depois, espalhe os bulbos aleatoriamente pela área a ser plantada. Espalhe-os deixando cair da altura da sua cintura – isso ajuda a dar uma aparência mais natural ao conjunto. Se alguns caírem juntos, separe-os delicadamente. Mais tarde, quando for aparar a grama, será mais fácil lidar com agrupamentos informais, em forma de gota.

2 Plante cada bulbo onde ele cair, mas tente fazer com que a distância de um bulbo para outro seja no mínimo o dobro da largura do bulbo. Cave um buraco com uma profundidade igual ao triplo do tamanho do bulbo. Use uma pá de pedreiro tradicional ou, se forem muitas plantas, uma ferramenta especial para plantio de bulbos.

3 Coloque o bulbo na cova com a extremidade mais pontiaguda ou "nariz" voltado para cima.

4 Depois, destorroe o solo que você retirou e cubra o bulbo, firmando *delicadamente* com as mãos. Se estiver fazendo a operação em um gramado, recoloque o tufo que retirou para fazer a cova. Regue bem se a área estiver seca.

Plantio misto

Nos jardins urbanos, perenifólias estruturais são a primeira escolha; na verdade, quando o espaço não é suficiente para uma grande quantidade de plantas, às vezes encontramos apenas alguns espécimes esculturais. Uma fileira de bambu-preto (*Phyllostachys nigra*) ou topiaria pode estar presente o ano todo, mas será que desperta interesse o ano todo? Tendo isso em mente, tente obter um pouco de cor sazonal cultivando anuais, bulbos, perenes, trepadeiras e arbustos decíduos especiais – desde que o espaço permita, é claro. O ideal é que cada grupo tenha atrativos em diferentes períodos do ano. Mesmo no inverno é possível exibir caules coloridos, curiosas cápsulas de sementes ou bagas que atraem vida selvagem.

Acima: Arbustos, como *Viburnum plicatum f. tomentosum* "Mariesii", são importantes para uma fronteira florida. Essa planta foi colocada com *Chaerophyllum hirsutum* "Roseum", *Nepeta racemosa* "Walker's Low"e *Stipa*.

Ao lado: Com *Eucalyptus, Sedum* "Matrona", *Phormium* e *Festuca glauca* "Elijah Blue", este jardim é harmonioso durante todo o ano.

Conseguindo o máximo da composição

Criar um projeto paisagístico que desperte interesse o ano todo pode ser complicado, mas eis algumas dicas.

Caso abriguem espécies que florescem na primavera e no verão, os vasos são uma ótima maneira de introduzir espetáculos temporários de cores vibrantes. Mude sua posição e substitua as plantas quando quiser.

Escolha plantas que sejam interessantes por várias temporadas. Tratando-se de árvores isso é bastante importante; procure uma que tenha flores na primavera, frutos atraentes, uma cor outonal bonita, casca fascinante e ramos graciosos durante o inverno. Entre as melhores estão a macieira silvestre (*Malus*), a bétula (*Betula*) e bordos com casca sulcada – "pele de cobra" – (*Acer capillipes, A. davidii* e *A. rufinerve*). Quanto a cerejeiras como *Prunus serrula* e *P.* "Spire" – bem, elas têm tudo isso!

Muitas floríferas perenes, como a *Heuchera*, a *Hosta* e a *Euphorbia*, também têm folhas atraentes. Plantas com um período de floração longo, como o cambará--de-capoeira (*Verbena bonariensis*), devem ser consideradas, assim como as espécies que exibem belas cápsulas de sementes (*Echinops* e *Actaea*, entre outras).

Esquerda: Perenes de longa duração, como verbena (*Verbena bonariensis*), que florescem durante todo o verão, devem ser a sua primeira escolha em locais apertados. Esta planta também atrai borboletas.

É possível cultivar bulbos entre outras plantas e conseguir duas explosões de cor no mesmo espaço, muitas vezes numa época em que há poucos atrativos (ver p. 112). Outra vantagem dos bulbos é que eles podem ser encontrados em uma enorme variedade de cores, sempre a preços módicos.

Prolongando a floração

Pode-se prolongar a temporada de floração das perenes de final de verão usando um esquema de poda que é uma variação da Poda de Chelsea (é feita na mesma época em que se realiza a Exposição de Flores de Chelsea, promovida em Londres pela Royal Horticultural Society). Quando as plantas estiverem com 30 cm a 40 cm de altura no final da primavera, corte pela metade a metade dos ramos; duas ou três semanas depois, corte os outros. A floração ocorrerá mais tarde. Além disso, se podar as plantas antes do florescimento, elas ficarão mais robustas e compactas. *Helenium, Boltonia* e *Sedum* adoram essa técnica, mas ela não é adequada para plantas com flores no topo de caules únicos, como os lupinos (*Lupinus*), os hemerocales (*Hemerocallis*) e as *Kniphofia*.

PLANEJANDO UM CANTEIRO MISTO

Na hora de planejar um esquema de plantio, não abra mão de um desenho em escala. Para obter espaçamentos corretos, use papel quadriculado – quatro quadrados no papel para 1 m² de solo é uma escala que funciona bem.

Para verificar se as plantas caberão, represente-as no papel com o tamanho que atingirão na maturidade, apesar de ser normal comprarmos mais exemplares no início para obter uma aparência mais cerrada (ver p. 130). Sempre tenha em mente três máximas: a planta certa no lugar certo; seja simples; menos é mais! Canteiros com menos de 1 m de largura são comuns nos jardins urbanos. Em espaços tão estreitos, às vezes cabem apenas uma ou duas plantas; portanto, trate de criar o máximo de impacto!

1 No papel, comece posicionando as plantas que quer conservar. Depois, os arbustos estruturais, com os mais altos ao fundo, ou no meio, se o canteiro puder ser visto de todos os lados. Coloque um arbusto de grande porte (por exemplo, um arbusto de folhas perenes ou um decíduo ao lado de uma perenifólia menor) perto do fundo a espaços de 4 m a 6 m, conforme o tamanho da espécie na maturidade. Esse procedimento divide o canteiro em quatro subáreas – mais fáceis de manejar do que o espaço todo. Gramíneas ornamentais e arbustos perenifólios baixos – aqui, *Artemisia* "Powis Castle" e sálvia (*Salvia*) – também são importantes estruturalmente; portanto, posicione-os neste momento também.

2 Situe os pontos focais centrais, que atrairão o olhar com suas formas vigorosas, e os destaques, que estabelecerão o estilo ou tema. Neste exemplo, estou usando roseiras que exigem poucos cuidados. Não coloque muitos; porém, um ou dois por subárea talvez sejam mais do que suficientes.

3 As plantas de realce vêm em seguida e são posicionadas para complementar as plantas de destaque, não para conflitar com elas. Gosto de repetir grupos informais destas em todo o jardim para conseguir impacto. Como o sucesso das plantas de realce também depende das que as acompanham e produzem contraste, posicione os dois tipos ao mesmo tempo. Aqui, associei *Allium hollandicum* '"Purple Sensation" com *Geranium himalayense* "Gravetye", que esconde os caules deselegantes da primeira espécie.

UM CANTEIRO ENSOLARADO EM TONS DE ROSA, ROXO E AZUL

4 Agora é hora de "preencher". Comece em uma área com um grupo de três a quatro plantas diferentes (se houver espaço) ao lado da área que você já mapeou. Trabalhe de dentro para fora, tendo a altura em mente. Tente dispor as plantas pensando na época em que elas terão melhor aspecto – arbustos de inverno ou primavera devem ficar perto de perenes de verão, por exemplo. Com perenes menores ou mais finas e gramíneas, use grupos de três plantas para obter o máximo de impacto.

5 Trabalhe em grupos de plantas com porte semelhante, observando como cada grupo se comporta em conjunto. Se necessário, altere. Continue trabalhando em partes, até que a primeira área do jardim esteja preenchida.

6 Planeje a área seguinte. A repetição é importante para a obtenção de um visual coerente e, portanto, vale a pena repetir combinações similares, talvez usando densidades diferentes, particularmente no primeiro desenho. Continue de uma área para outra até ficar satisfeito. Por fim, coloque papel-manteiga por cima do plano e sombreie ou pinte as plantas que ficam bonitas em cada mês para assegurar-se de que haverá uma continuidade de interesse durante o ano todo. Faça os ajustes necessários.

ESCALA 1:50

CONDIÇÕES DO LOCAL

- Solo fértil e bem drenado
- pH 6,5
- sol pleno

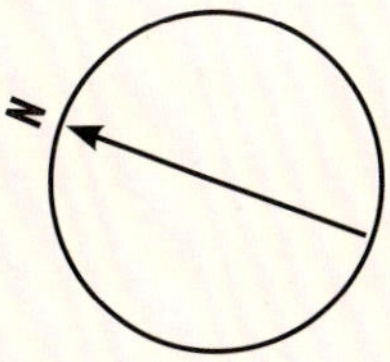

CHAVE PARA O PLANTIO

1 PLANTAS ESTRUTURAIS

1.1 *Osmanthus* × *burkwoodii*
1.2 *Clematis* "Niobe" (no muro)
1.3 *Artemisia* "Powis Castle"
1.4 *Callicarpa bodinieri* var. *giraldii* "Profusion"
1.5 *Rosmarinus* "Miss Jessopp's Upright"
1.6 *Salvia officinalis* "Purpurascens"
1.7 *Clematis* "Polish Spirit" (no muro)
1.8 *Myrtus communis* subsp. *tarentina*
1.9 *Philadelphus* "Belle Etoile"

2 DESTAQUES

2.1 *Rosa* Munstead Wood ("Ausbernard")
2.2 *Rosa* Gertrude Jekyll ("Ausbord")
2.3 *Rosa* "Charles de Mills"

3 PLANTAS DE REALCE

3.1 *Allium hollandicum* "Purple Sensation" (com *Geranium himalayense* "Gravetye")
3.2 *Iris* "Dusky Challenger"

4 PREENCHIMENTO (ETAPA 1)

4.1 *Sedum* "Matrona"
4.2 *Nepeta racemosa* "Walker's Low"
4.3 *Agastache* "Blackadder"
4.4 *Astrantia* "Roma"
4.5 *Thymus pseudolanuginosus*

5 PREENCHIMENTO (ETAPA 2)

5.1 *Monarda* "Prärienacht"
5.2 *Verbena bonariensis* (cambará-de-capoeira)
5.3 *Foeniculum vulgare* "Giant Bronze"
5.4 *Knautia macedônica*

6 PREENCHIMENTO (ETAPA 3)

6.1 *Sedum* "Matrona"
6.2 *Thymus pseudolanuginosus*
6.3 *Thalictrum aquilegiifolium*
6.4 *Verbena bonariensis* (cambará-de-capoeira)
6.5 *Agastache* "Blackadder"
6.6 *Knautia macedonica*
6.7 *Foeniculum vulgare* "Giant Bronze"
6.8 *Astrantia major* "Claret"
6.9 *Nepeta* "Walker's Low"

DISPONDO E PLANTANDO UM CANTEIRO MISTO

O melhor período para o plantio vai da metade até o final do outono e do início até a metade da primavera; contudo, em solos leves é possível plantar no inverno. Em vasos é possível plantar o ano inteiro (desde que o solo não esteja congelado nem encharcado), mas durante o verão serão necessárias regas regulares.

1 Para livrar o solo de plantas daninhas, cave-o até uma profundidade igual ao comprimento da pá. Acrescente um balde de composto por metro quadrado para condicionar o solo e melhorar a drenagem. Use um ancinho para partir torrões maiores e nivelar a superfície; o produto final deve lembrar bolinhas e migalhas. Remexa levemente a área para remover bolsões de ar e impedir o afundamento.

2 Consulte o projeto de plantio e posicione as plantas, com o lado mais bonito voltado para a frente. No caso de plantas envasadas, remova o vaso, retire as ervas daninhas da superfície e depois puxe levemente algumas raízes para que se fixem no solo ao redor.

3 Plante primeiro os arbustos estruturais e as gramíneas ou perenes, já que sua posição é fundamental; você poderá ajustar as outras ao redor delas. No caso de árvores e plantas grandes, não cave muito fundo na base da cova. A planta pode afundar e sufocar-se quando o solo que está embaixo se assentar. Contudo, espete os lados com um garfo para encorajar as raízes a se espalhar lateralmente (medida essencial em solos argilosos). Se estiver plantando em um canteiro já existente, que não possa ser inteiramente escavado, o melhor é uma cova rasa e larga, com pelo menos três vezes a largura do vaso ou do sistema radicular.

4 Posicione a planta no centro da cova e observe a distância das raízes superiores até a borda da cova; o objetivo é plantá-la no mesmo nível do vaso, com as raízes superiores cobertas por não mais de 1 cm de solo. Para espécimes maiores, use um pedaço de bambu deitado sobre a cova e tire a medida a partir dele. No caso de árvores, arbustos e roseiras sem torrão, plante na mesma profundidade de antes – procure pela mancha de solo marrom escura (a chamada "linha do viveiro") na base do caule – ou cubra as raízes superiores com 2,5 cm de solo.

Acima: Perenes vigorosas como gerânios (*Geranium*), *Centranthus ruber* e *Centranthus ruber* "Albus" devem ser cuidadosamente espaçadas ou logo competirão por água, luz e nutrientes.

5 Raspe delicadamente o solo em torno de cada planta e firme-o com as mãos antes de passar para a planta seguinte. Depois de inserir plantas grandes, encha a cova pela metade, firme, preencha o resto da cova e firme outra vez, com cuidado, para não prejudicar a estrutura do solo (o que pode levá-lo a reter água em excesso). Regue bem e espalhe uma camada de cobertura morta de 7,5 cm e 10 cm ao redor das plantas, para conservar a umidade.

Quantas plantas?

O número de plantas a comprar depende do vigor de cada uma, da rapidez com que o jardineiro deseja resultados e do papel de cada espécie no projeto (ver p. 118).

No caso de plantas estruturais e destaques, sempre vale a pena comprar espécimes grandes, que garantem impacto imediato. É importante considerar o tamanho na maturidade, mas não espace árvores, arbustos e coníferas (especialmente as de crescimento lento) considerando a sua largura quando maduras; se o fizer, ficará com grandes áreas de solo nu. Se plantá-las muito próximas, porém, em particular no caso de perenes, elas lutarão por água, luz e nutrientes. Meu guia de espaçamentos recomendados ajudará (ver ao lado).

Quando tiverem porte grande – quando puderem ser acomodados em um vaso do tamanho de um balde ou mais –, árvores e arbustos, assim como topiaria de crescimento lento, podem ser plantados individualmente. Plantas menores devem ser plantadas em número ímpar – grupos de três, cinco e sete – para conseguir impacto, a menos que o espaço seja minúsculo, como uma sacada, onde um exemplar pode ser suficiente. Dica: quanto maior o tamanho do vaso, maior o espaçamento necessário.

As sementes devem ser semeadas sempre obedecendo à densidade recomendada no pacote; depois devem ser desbastadas ou, quando as mudas tiverem um tamanho manejável, transplantadas, respeitando-se o espaçamento final.

ESPAÇAMENTOS RECOMENDADOS

Tipo de planta	Espaçamento	Plantas por m²
Arbustos pequenos, anões e de crescimento lento – por exemplo, a alfazema (*Lavandula angustifolia* "Munstead")	40-60 cm	3-5
Arbustos de médio porte, como a *Potentilla fruticosa*	80-100 cm	2-3
Arbustos grandes, roseiras, roseiras adyktas – por exemplo, o folhado (*Viburnum tinus*)	120-140 cm	1-2
Arbustos vigorosos e grandes, como o *Buddlejua davidii*	160-180 cm	0,5 (isto é 2 m² por planta)
Roseiras, como a *Rosa* Iceberg "Korbin"	40-60 cm	3-4
Herbáceas perenes pequenas e forrações – por exemplo, a aquilégia (*Aquilegia vulgaris* var. *stellata* "Ruby Port")	20-30 cm	5-9
Perenes, gramíneas, samambaias médias – por exemplo, a *Stipa tenuissima*	30-45 cm	4-6
Perenes, gramíneas, samambaias grandes e vigorosas – por exemplo, o acanto (*Acanthus spinosus*)	40-60 cm	1-3
Plantas para cercas vivas (mudas jovens e estacas)	20-30 cm	3 por 1 m (6 para fileiras duplas)

Ao lado: Árvores, arbustos e topiaria de maior porte – aqui uma variedade de hortênsia (*Hydrangea arborescens* "Annabelle") e alfeneiros de folhas miúdas (*Ligustrum delavayanum*) – conferem ao espaço uma aparência instantânea de maturidade.

Abaixo: Escolha perenes e gramíneas em vasos de 1 a 2 litros (do tamanho de uma panela pequena). Tais plantas crescem rapidamente e amadurecem em apenas três ou quatro anos; portanto, não é necessário comprar espécimes grandes.

CULTIVANDO TREPADEIRAS APOIADAS EM ÁRVORES, ARBUSTOS E CERCAS VIVAS

Esta é uma maneira fácil de tornar mais interessantes nossos jardins urbanos, onde espaço é artigo raro.

1 Idealmente, plante na face mais sombreada de uma árvore grande (mas não em sombra intensa) para incentivar a planta a se enrolar no suporte em busca de luz. Em um local exposto ao vento, posicione a trepadeira no lado da árvore não atingido pelo vento, para que fique protegida. (Para conselhos mais detalhados sobre o plantio sob árvores, ver pp. 206-207). Posicione a trepadeira a pelo menos 50 cm da base da árvore; não plante muito perto dela, pois o solo aí é pobre. Conduza o crescimento inicial, envergue o tutor que acompanha a trepadeira em um ângulo de 35 a 45 graus na direção da planta que servirá de apoio.

FATORES A CONSIDERAR

Plantas jovens ficam logo sufocadas, mesmo por trepadeiras delicadas; portanto, escolha como suporte árvores maduras e arbustos de crescimento vigoroso. Árvores de crescimento lento como o medronheiro (*Arbutus*) precisam atingir um bom tamanho antes de dar apoio a trepadeiras.

Trepadeiras vigorosas como o *kiwi* (*Actinidia deliciosa*) e a glicínia (*Wisteria*) enrolam-se como gigantescas jiboias, por isso só são adequadas para as árvores maiores. Trepadeiras "livres" (as que sobem sem precisar de suporte) como a hera (*Hedera*) devem ser evitadas.

Pense nas podas e na manutenção. Caso use como suporte arbustos que precisam ser podados na primavera, escolha entre as clematites (*Clematis*) do grupo 3, como a *C.* "Polish Spirit", que também devem ser podadas até uma altura de 20 cm na mesma época. Para cercas vivas de, por exemplo, teixo (*Taxus*), escolha trepadeiras anuais como a bom-dia (*Ipomoea*); plante após a poda da primavera; depois, corte a cerca viva normalmente no outono – trepadeiras anuais têm vida curta.

Evite colocar trepadeiras perenifólias apoiadas em arbustos que apreciam o sol, pois elas roubarão a luz do suporte.

2 No caso de trepadeiras volúveis, ofereça um suporte ao qual possam se enrolar com facilidade, já que elas não conseguem subir em árvores com troncos grossos. Para tanto, primeiro finque uma estaca curta perto da planta; depois, coloque um arame ligando a estaca ao primeiro ramo da árvore. Amarre-o com folga para que não estrangule o ramo.

3 Amarre as brotações ao arame usando ráfia ou presilhas de torcer. Se a trepadeira for plantada em um gramado, cerque-a com uma proteção plástica contra animais (geralmente usada para proteger árvores) em torno da base. E mantenha o cortador de grama longe dela, senão você pode acidentalmente danificar os ramos.

4 Faça um monte de terra de 30 cm a 40 cm ao redor da planta. O espaço funciona como um reservatório, mantendo a água onde ela é necessária – perto das raízes. Acrescente uma camada de 7,5 cm a 10 cm de composto para conservar a umidade e condicionar o solo.

TREPADEIRAS ADEQUADAS PARA ÁRVORES, ARBUSTOS GRANDES E CERCAS VIVAS

Nome	Altura/crescimento para os lados	Época de florada	Suportes/companheiras adequadas	Observações
Clematis "Pamela Jackman" e outras variedades de clematites	**A** 2,1-2,5 m **L** 1-1,5 m	Do meio ao fim da primavera	Macieira silvestre (*Malus*), cerejeiras ornamentais (*Prunus*) ou laburno (*Laburnum*) para duplicar a cor na primavera. Também é possível associar as clematites com catalpa, coreutéria (*Koelreuteria paniculata*) ou camélia decídua (*Stewartia pseudocamellia*), que florescem no verão.	Sol/sombra parcial. Prefere solo calcário. Pode para controlar o tamanho (se for preciso) logo após a florada, para que os brotos possam amadurecer a tempo para o ano seguinte. Plante a uma profundidade 5 cm maior que a normal.
Hedera helix "Pedata" (hera)	**A** e **L** 4 m	Ano inteiro	Árvores grandes e médias.	Variedade menor de hera, adequada para árvores maiores. Se for necessário, pode na primavera para controlar o tamanho.
Humulus lupulus "Aureus" (lúpulo)	**A** 4-8 m **L** 1,5-2,5 m	Final da primavera até início do outono (folhagem)	Árvores médias e grandes.	Decídua. Folhas amarelas e brilhantes. Todos os solos e condições, exceto sombra intensa.
Hydrangea anomala subsp. *Petiolaris* (hortênsia trepadeira)	**A** 12-15 m **L** 5 m	Final da primavera até meio do verão	Árvores médias e grandes	Decídua. Trepa sozinha. Tolera sombra parcial. No início, o crescimento é lento; quando adulta, precisa de um suporte robusto.
Ipomoea purpurea (bom-dia)	**A** e **L** 1,8-2,5 m	Início do verão até início do outono	Arbustos, cercas vivas, árvores pequenas, rosas trepadeiras	Anual semirresistente ao frio. Aprecia sol e solo úmido, mas bem drenado.
Lathyrus odoratus grupo Spencer (por exemplo, "Lizbeth", "Restormel") (ervilha-de-cheiro)	**A** 2 m **L** 75 cm	Início do verão até início do outono	Árvores pequenas e médias, rosas trepadeiras ou prostradas com florescimento no verão, como *Rosa mulliganii*, *R.*"Albertine" e *R.* "Compassion"	Anual resistente ao frio. Melhor semear no outono. Gosta de sol, solo fértil e bem drenado.
Rhodochiton atrosanguineus	**A** 1,5-2,5 m **L** 10-50 cm	Meio do verão até início do outono	Arbustos e árvores menores	Flores roxas e de tom rosa escuro. Apreciam sol pleno e local abrigado. Sensíveis ao frio. Cultivar como planta anual, a não ser em locais quentes.
Rosa "Rambling Rector" (rosa trepadeira)	**A** e **L** 4-8 m	Meio do verão; início e meio do outono (frutos)	Árvores médias e grandes	Decídua. Flores perfumadas, de tom branco leitoso. Não é tão vigorosa quanto a maioria das rosas, mas precisa de um suporte robusto.
Tropaeolum peregrinum (capuchinha-viajante)	**A** 3,5 m **L** 1,2 m	Início do verão até meio do outono	Cercas vivas, árvores pequenas e médias	Sol pleno, local abrigado. Não resistente ao frio. Cultivar como anual, exceto em locais quentes.
Tropaeolum speciosum	**A** 2,5-4 m **L** 0,5-1 m	Fim do verão até meio do outono	Cercas vivas, arbustos grandes, árvores pequenas	Precisa de solo úmido, mas bem drenado, de neutro a ácido. Gosta de sol pleno ou sombra parcial. Pouco resistente ao frio. Usar bastante cobertura morta.

Gramados

Adoro gramados. São baratos, têm múltiplas funções, sua superfície é boa para crianças e constituem um fundo perfeito para plantas mais coloridas. Na frente da casa, um gramado absorve água como uma esponja, ajudando a impedir inundações repentinas, além de colaborar com a estética ao quebrar grandes extensões de elementos paisagísticos construídos.

Mas eles dão muito trabalho, certo? Tradicionalmente, é preciso regar, aparar uma ou duas vezes por semana, adubar na primavera e no outono, aerar o solo para corrigir a compactação e melhorar a drenagem, além de escarificar para remover folhas mortas e musgo.

Tanto cuidado não é necessário para gramados domésticos comuns, mas se seu gramado parece gasto e você acha que aparar grama é uma tarefa muito desagradável, talvez seja hora de fazer mudanças.

Minimizando a manutenção do gramado

- Curvas tortuosas dificultam o corte; portanto, simplifique a forma e reposicione obstáculos, como banheiras de pássaros.
- Limitadores reforçam as laterais e facilitam a tarefa de aparar a grama ao longo do perímetro. Os de aço duram a vida inteira; o mesmo não se pode dizer dos de plástico corrugado.
- Espécies invasoras de folhas largas devem ser retiradas, mas gosto de um gramado com margaridas. Considere a possibilidade de poupá-las.
- Cortes semanais regulares controlam as invasoras e fortalecem a grama. Contudo, não corte mais baixo que 5 cm a 6 cm no verão, deixando talvez a grama um pouco mais longa se tiver bichos ou crianças; gramados muito baixos secam rápido.
- Para aumentar a tolerância à seca, encorajando as raízes a se aprofundar, não regue na primavera ou início do verão.
- Em geral, gramados de uso geral não precisam de adubo. Mas uma adubação de outono vai bem, se for rica em nutrientes que auxiliam as raízes, não os brotos.
- No caso de gramados sombreados ou úmidos, recolha as folhas cortadas, já que favorecem o surgimento para a propagação de musgo e doenças. Em áreas ensolaradas, use um cortador que corte o gramado em aparas bem finas, as quais poderão ser deixadas no local, funcionando como cobertura morta e adubo. Isso também aumentará a resistência à seca.

Direita: Um gramado de formas naturais como este é fácil de cuidar. Além de manter o layout e impedir a entrada de pedriscos no gramado, os limitadores de aço ajudam na hora de aparar as extremidades.

Alternativas ao gramado

Se o jardim for pequeno, é melhor se perguntar se precisa mesmo de um gramado. Por outro lado, pavimentar tudo não é a solução, especialmente em jardins frontais sujeitos a alagamentos. Por que não usar plantas de forração que exijam poucos cuidados como a camomila (*Chamaemelum*) ou o tomilho (*Thymus*)? E, onde houver espaço, por que não deixar uma extremidade crescer mais ou dividir totalmente uma parte a fim de criar um gramado em miniatura? A fauna e as crianças – de todas as idades – vão adorar!

Um "gramado" de tomilho

Embora a camomila seja uma das alternativas ideais para substituir o gramado, o tomilho é uma escolha melhor se houver sol suficiente. Ele não se incomoda com solos ácidos, é mais resistente à seca e menos suscetível a perecer em invernos úmidos ou verões quentes – o que deixaria deselegantes espaços vazios. Além disso, o tomilho é bonito, perfumado e cresce com rapidez; quando plantado na primavera, terá um aspecto agradável no final do verão e, em um ano, estará no auge da glória. Veja na p. 142 como cultivá-lo.

A manutenção é simples. Basta regar e arrancar as invasoras enquanto as plantas se estabelecem; além disso, apare ocasionalmente na primavera, se os tufos mais altos crescerem em excesso.

Ao lado, em cima: Em vez de substituir o gramado por concreto, deixe o espaço mais interessante misturando pisos de diferentes texturas (aqui, cascalho negro-azulado, basalto preto liso e deque pintado).

Ao lado, embaixo: O cascalho é uma alternativa barata à grama (e à pavimentação), já que é fácil de instalar e requer pouco ou nenhum cimento. E o mais importante é que drena a água da chuva naturalmente.

Embaixo: Talvez o melhor do cascalho é que você pode plantar faixas de perenes e gramíneas diretamente nele. Aqui, um tapete de tomilho (*Thymus*) introduz um elemento informal no projeto.

Prados em miniatura

• Mudas

Um gramado negligenciado pode se transformar em um prado em miniatura, mas as gramíneas dominarão e as flores serão poucas ou inexistentes. Para construir um prado em toda a sua glória multicolorida, plante mudas de espécies silvestres como margarida (*Leucanthemum vulgare*), *Lychnis flos-cuculi*, *Knautia arvensis*, *Centaurea scabiosa* e *Silene dioica*. Apare a grama, remova todas as folhas cortadas e distribua as mudas irregularmente deixando 30 cm de distância entre cada uma. Regue bem.

• Sementes

Construir um prado a partir do zero oferece uma vantagem crucial: poucas gramíneas competitivas e mais flores.

O segredo do sucesso é, desde o início, semear a mistura de espécies correta. Há várias: desde prados de primavera ou verão – ideais para solos alcalinos, úmidos ou argilosos – até misturas "ornamentais" coloridas com plantas nativas e não nativas.

Miniprados de perenes ou de anuais?

Prados de perenes crescem melhor em solos pobres e bem drenados, nos quais as gramíneas não conseguem eliminar as flores silvestres. Se tiver solo rico e quiser formar um prado tradicional, precisará remover a camada fértil da superfície e semear no subsolo, que é menos rico. Em qualquer área, exceto se for muito pequena, será um trabalho que faz muita sujeira e é difícil de fazer sem a ajuda de alguém que faça a escavação.

Por sua vez, prados de anuais exigem solo rico e são perfeitamente adequados aos jardins urbanos, que geralmente são muito férteis. São ideais se você pretende transformar um canteiro ou parte de um gramado. Flores que vivem naturalmente em campos de cereais, como a agróstema (*Agrostemma*), a papoula comum (*Papaver rhoeas*), a escovinha (*Centaurea cyanus*) e o pampilho-das-searas (*Xanthophtalmum segetum*), formam composições particularmente chamativas e fáceis de cultivar. Após a semeadura de primavera, em apenas três ou quatro meses você terá um espetáculo de cores.

Manutenção de miniprados

Prados de anuais florescem rapidamente, mas só duram um ano e, portanto, é preciso semear novamente a cada primavera. Guarde as sementes produzidas ou compre novas.

Para ajudar as plantas a se estabelecer adequadamente em um prado de perenes, antes de ser gentil, é preciso ser cruel. No segundo ano, você verá os resultados.

• Primeiro ano

No final da primavera, corte as plantas a uma altura de 5 cm a 7,5 cm: com isso, manterá as gramíneas vigorosas sob controle e estimulará as flores silvestres a desenvolver folhas e raízes,

Esquerda: Deixar as gramíneas crescer naturalmente cria um efeito agradável que lembra um prado natural. O problema é que elas se tornam dominantes. Se prefere uma combinação de flores silvestres, plante algumas mudas ou comece do zero, usando uma mistura de sementes para prados adequada a seu tipo de solo.

não flores. Recolha as folhas cortadas para compostagem; o ideal é usar o cortador de grama ajustado na altura máxima com uma caixa para recolher o material cortado.

No meio do verão, corte novamente a uma altura de 5 cm a 7,5 cm. Verifique cuidadosamente se não há invasoras perenes.

• Segundo ano

Corte no final da primavera; verifique se há invasoras.

• Terceiro ano e seguintes

Corte uma vez por ano à altura de 7,5 cm a 10 cm, em qualquer momento entre o meio do outono (se quiser seu prado bem arrumadinho) e fins do inverno – quanto mais tarde cortar, melhor para a fauna urbana.

Grama artificial

Existe uma alternativa ao gramado que, até recentemente, só era mencionada em voz baixa nos círculos de jardinagem: a grama artificial. Os puristas podem não gostar, mas essa cobertura permanece bonita mesmo com pouca manutenção e é especialmente útil em jardins frequentados por crianças pequenas, que querem ficar fora de casa o ano inteiro, ou em jardins sombreados por árvores, onde a grama de verdade não cresce bem. Ademais, é permeável.

A grama artificial é, basicamente, um tapete de plástico, mas sua instalação é tarefa para um profissional – não basta jogá-la por cima de um solo compactado.

Há muitos produtos diferentes, para todos os orçamentos; de qualquer modo, se fizer questão de uma aparência natural, prepare-se para gastar bastante.

SEMEANDO UM PRADO URBANO

Preparar uma sementeira para um prado é bem parecido com preparar o solo para sementes de grama. Em solos muitos pesados, semeie entre meados e fim da primavera. Nos outros tipos de solo, semeie no início do outono; prados de perenes, em especial, preferem essa época do ano.

1 Elimine as invasoras. Erradique perenes como *Elymus repens*. Use um garfo para retirar plantas isoladas – com as raízes – ou algum herbicida à base de glifosato em áreas infestadas. Prepare o solo até uma profundidade igual ao comprimento da pá; em áreas maiores, use uma cultivadora agrícola. Com o rastelo, nivele a superfície, pise de leve para firmar o solo e passe o rastelo outra vez. O objetivo é obter uma superfície fina e solta. Não é preciso acrescentar composto ou fertilizante. Uma sementeira limpa é importante. Espere pelo menos três semanas para que as invasoras germinem e as invasoras perenes rebrotem. Então arranque-as, queime-as ou aplique herbicida. Se uma parte do gramado tiver sido retirada para dar lugar a um prado, não espere tanto, a menos que o gramado já esteja infestado de invasoras.

2 Pese a quantidade adequada de sementes para a área – você encontrará a informação no pacote (aqui, uso uma mistura para prados anuais em solo argiloso). Para facilitar a semeadura e identificar os lugares semeados, misture as sementes com um pouco de areia seca. Porém, não coloque uma quantidade maior de sementes que o recomendado, pois isso pode resultar em plantas mais fracas e suscetíveis a pragas e doenças.

Ao lado: Um miniprado de verão em toda sua glória, com perenes como margarida (*Leucanthemum vulgare*), macela-fétida (*Anthemis tinctoria*), viperina (*Echium vulgare*), milefólio (*Achillea millefolium*), leituga-dos-montes (*Leontodon hispidus*) e almeirão-do-campo (*Hypochaeris radicata*).

3 Semeie a lanço primeiro em uma direção e depois repita a operação, mas desta vez em outra direção, em ângulo reto com a primeira. Caminhe de costas, lançando as sementes diante de si para não pisar nelas. Semeie um pouco por vez; se preferir, divida a área em metros quadrados usando estacas de bambu para determinar a quantidade certa para cada área demarcada.

4 Passe o rastelo delicadamente para enterrar as sementes e regue bem, usando uma mangueira ou regador com furos bem pequenos. Se os pássaros podem vir a ser um problema, coloque redes usadas para proteger frutas, apoiadas em estacas com 10 cm acima do solo. Em grandes extensões, onde isso não seja prático, use espantalhos ou fitas barulhentas que vibrem com o vento. Nunca deixe prados recém-semeados secar; portanto, em períodos secos, regue bem.

CRIANDO UM CANTEIRO DE TOMILHO RESISTENTE À SECA

Cansado de aparar o gramado? Experimente substituí-lo por um perfumado tapete de tomilho (*Thymus*). Além de bonito e aromático, ele dispensa cortes e manutenções. Espécies baixas, como *T. serpyllum* e *T. pseudolanuginosus*, são as melhores.

Local que bata luz direta e solo bem drenado são essenciais. Na verdade, quanto mais seco e pedregoso o solo, melhor. É possível melhorar os solos argilosos com pedrisco hortícola, mas colocar o pedrisco em uma grande área é bastante trabalhoso e caro também. Se o solo é bem drenado, plante no outono; senão, espere até o início da primavera.

1 Elimine todas as invasoras. Se forem poucas, arranque-as com um garfo, removendo o máximo de raiz. Se a área estiver muito infestada de invasoras perenes, elimine-as com herbicida à base de glifosato. Se o projeto for em um gramado ou destinado a substituir um gramado, retire o tapete de grama e use-o na composteira.

2 Espere duas semanas. Se as invasoras reaparecerem, retire-as. Revolva a terra até uma profundidade igual ao comprimento da pá, acrescentando um balde de pedrisco hortícola e um balde de composto friável por metro quadrado. Desmanche os torrões maiores e passe o rastelo até a terra ficar fina e fofa.

3 Pise suavemente no solo para remover bolsões de ar e impedir que o solo afunde mais tarde. Passe o rastelo em suas pegadas. Não é necessário acrescentar fertilizante, especialmente se tiver misturado composto; quando o solo é fértil demais, o tomilho tende a ficar longo e frouxo.

4 Disponha as mudas no solo com o espaçamento correto. Plantas em vasos de 7 cm a 13 cm de largura podem ser espaçadas em 15 cm a 25 cm, mas plantas maiores (em vasos de 1 ou 2 litros) exigem um espaçamento de 30 cm a 40 cm. Coloque as plantas na cova, cobrindo o torrão com um pouquinho de terra. Firme delicadamente.

5 Regue bem as mudas e monitore-as nos meses seguintes, regando bem quando o tempo estiver seco. No outono, varra as folhas caídas. Variedades de crescimento baixo não precisam ser cortadas, mas variedades mais altas ficam mais compactas com uma poda após a floração. Em áreas grandes, use um cortador sem rolo e com as lâminas ajustadas na altura máxima.

Acima: Em áreas ensolaradas e bem drenadas, uma cobertura de tomilho é uma boa alternativa a um gramado. Use apenas uma espécie se quiser grande impacto de cor, ou misture variedades diferentes para obter um efeito de colcha de retalhos. As plantas não podem ser pisadas; portanto, pense na possibilidade de caminhos de pedra ou cascalho.

OUTRAS FORRAÇÕES PERENIFÓLIAS QUE SERVEM DE ALTERNATIVA À GRAMA (SIGA AS INSTRUÇÕES DE PREPARAÇÃO DO SOLO E PLANTIO REFERENTES AO TOMILHO)

Nome	Posição	Tolera pisadas?	Observações/Espaçamento
Ajuga reptans (língua-de-boi) e cultivares	Sombra parcial/sombra. Solo úmido, mas bem drenado. Tolera solos pouco férteis.	Nunca/raramente.	Pode se tornar agressiva. Espaçamento de 20-25 cm se em vasos de 1 litro ou 13 cm de largura.
Chamaemelum nobile "Treneague" (camomila de gramado)	Sol pleno. Prefere solo ácido. Evite solos argilosos muito secos ou pesados.	Leve (limite a circulação ao mínimo no primeiro ano).	Espaçamento de 10-20 cm se em vasos de 7-9 cm de diâmetro. Não caminhe na área antes de completadas 10-14 semanas de plantio.
Hedera helix (hera) e cultivares	Sol pleno/sombra intensa. Tolera todos os tipos de solo.	Raramente.	Pode ser agressiva. Cultivares variegados não gostam de sombra intensa.
Mentha pulegium (poejo)	Sol/meia-sombra. Prefere solos úmidos – não acrescente pedras para drenagem, a menos que o solo seja propenso a ficar encharcado.	Leve/moderado (limite a circulação ao mínimo no primeiro ano).	Espaçamento de 15 cm se em vasos de 7-9 cm de largura. Forte perfume de menta quando esmagada – as formigas odeiam. Classificada como vulnerável pela União Internacional para a Conservação da Natureza e dos Recursos Naturais (IUCN).
Prunella vulgaris (erva-férrea)	Sol/meia-sombra. Depois de estabelecida, tolera solos pobres.	Moderado (limite a circulação ao mínimo no primeiro ano).	Se as mudas estiverem em vasos de 7-9 cm de largura, dê um espaçamento de 15-20 cm; ou, então, semeie. Rica fonte de alimento para abelhas.
Sagina subulata	Sol pleno/sombra parcial. Tolera todos os solos, menos os muito secos. Prefere solo argiloso.	Moderado (limite a circulação ao mínimo no primeiro ano).	Atinge no máximo 1-2 cm de altura. Espaçamento de 15-20 cm. Muito popular nos Estados Unidos, a *Sagina subulata* var. *glabrata* "Aurea" tem cor dourada.
Trifolium repens (trevo branco)	Sol/meia-sombra. Tolera solos bem pobres (desde que seja mantido úmido).	Raramente/leve.	Trate-a como um "gramado" temporário. Semear 5-20 g de sementes por metro quadrado. Rica fonte de alimento para abelhas, fixadora de nitrogênio e útil como adubo verde.

Tetos verdes e paredes vivas

Formando uma maravilhosa tapeçaria de cores e texturas nos lugares mais inesperados, tetos verdes e paredes vivas criam um efeito incomparável. Além disso, trazem benefícios significativos ao meio ambiente, desde limpar o ar até reduzir custos de aquecimento.

Instalar uma parede viva ou teto verde em uma residência ou garagem é trabalho para um profissional, porque está mais relacionado à engenharia que à jardinagem. Mas é possível criar uma estrutura similar em pequena escala.

Tetos verdes

Os tetos verdes podem ser classificados em três tipos, dependendo da profundidade do substrato e das plantas a serem incluídas. Os sistemas semi-intensivo e extensivo podem ser colocados em tetos com inclinação moderada, como os de barracões, depósitos de lenha, abrigos para bicicletas ou mesmo latas de lixo.

• Tetos verdes intensivos
São os tetos verdes propriamente ditos, com árvores e arbustos crescendo em vasos profundos ou canteiros elevados. Precisam dos mesmos cuidados que outras plantas cultivadas em vasos (ver capítulo "Jardinagem em vasos" para obter mais detalhes).

• Tetos verdes semi-intensivos
Neste caso, uma camada de composto de 10 cm a 20 cm é espalhada sobre um teto. O composto é profundo o suficiente para cultivar perenes, mas não árvores e arbustos. As plantas levam até dois anos para se estabelecer. Durante esse tempo é essencial eliminar invasoras, regar, adubar e talvez replantar alguns exemplares.

• Tetos verdes extensivos
São feitos usando plantas rastejantes ou que formam tapetes, cultivadas sobre uma camada de 5 cm a 15 cm de perlita inorgânica leve, areia, lã de rocha – até mesmo ladrilhos e concreto esmagados – no lugar de solo ou composto. Os tetos verdes extensivos são a opção mais comum já que, uma vez estabelecidos, a manutenção é mínima. E, como são os mais leves, são os melhores caso queira transformar um teto já existente. Se as plantas forem escolhidas tendo em mente seu posicionamento, basta regar ocasionalmente e arrancar invasoras.

Camadas

Um teto verde extensivo típico lembra um bolo em camadas. A camada impermeável protege o teto em si; acima dela vem a camada de isolamento e, depois, uma camada de drenagem/armazenagem de água. Feita de plástico rígido e lembrando a parte de baixo de uma caixa de ovos com perfurações, ela

favorece a drenagem da água excedente e ajuda a conservar a umidade nos períodos secos, além de proteger as camadas inferiores. Acima de todas elas, encontra-se uma manta de filtragem fina e semipermeável que impede que as camadas abaixo fiquem entupidas com composto; também atua como barreira para as raízes. Finalmente, há o substrato e as plantas. Uma moldura de 10 cm a 15 cm de largura, presa ao perímetro do teto, ajuda a manter tudo no lugar. Há empresas especializadas que vendem tudo pronto, inclusive plantas adequadas, normalmente cultivadas como um tapete, que simplesmente se desenrola e se ajusta ao topo.

Acima: Um teto semi-intensivo com *Luzula nivea* e *Galium odoratum* adaptado a um galpão (com apoio extra do lado de dentro para suportar o peso) é um refúgio para a vida silvestre.

Os tetos semi-intensivos são construídos de maneira similar, mas uma camada de composto leve para múltiplos fins, mais grossa, com 10 cm a 20 cm, é espalhada sobre o teto; ela é profunda o bastante para sustentar gramíneas e perenes mais altas, mas não árvores e arbustos. As plantas geralmente levam até dois anos para se estabelecer. Durante esse tempo é essencial retirar invasoras, regar e adubar duas vezes por ano

com um fertilizante de uso geral. É comum surgirem espaços vazios; portanto pode ser preciso fazer alguns replantios.

A grande diferença na construção de tetos verdes semi-intensivos e extensivos é que, por causa da profundidade maior dos primeiros, é necessário instalar uma moldura maior, com tábuas de 20 cm de largura. Além disso, geralmente é construída uma grade de "células" de madeira (como favos de mel quadrados) sobre todo o teto para impedir que o composto escorregue pela parte mais inclinada.

Questão de peso

É improvável que um galpão normal seja forte o bastante para sustentar sozinho um teto verde, particularmente se este for semi-intensivo e mais profundo; a maioria precisa de reforço. Uma opção é reforçar a própria estrutura do galpão pelo lado de dentro, com vigas robustas; outra é construir uma cobertura em cima do galpão, apoiado em postes concretados no lado de fora, que receberão o peso.

Consulte um engenheiro civil ou agrimensor credenciado a respeito da capacidade de carga de seu teto. No caso de tetos verdes maiores, pode ser necessário obter permissão para construir.

Acima: Tetos verdes ajudam a suavizar e mascarar a aparência de depósitos de lixo, abrigos de bicicletas ou barracões de jardim. Este teto verde com *Armeria maritima*, *Sedum* e *Sempervivum* precisa de pouca manutenção depois de estabelecido.

Ao lado: Tetos verdes (aqui, um teto extensivo raso, plantado com diferentes tipos de *Sedum*) não se destinam apenas a projetos tradicionais ou a jardins campestres; pelo contrário, eles podem produzir um belo efeito na arquitetura contemporânea.

BENEFÍCIOS AMBIENTAIS DOS TETOS VERDES E DAS PAREDES VIVAS

Alimento e abrigo para aves e insetos.

Filtragem e purificação do ar.

Redução de barulho – plantas absorvem o som em vez de repercuti-lo.

Isolamento – tetos verdes e paredes vivas servem de "cobertor" para as edificações, ajudando a reduzir a perda de calor no inverno.

Refrigeração – ao contrário do concreto, plantas não absorvem nem retêm calor.

Prevenção de enchentes – os tetos verdes e as paredes vivas também absorvem água e diminuem a velocidade do fluxo, o que ajuda a reduzir alagamentos localizados.

ESPÉCIES PARA TETOS VERDES

Há centenas de plantas adequadas para os tetos verdes, estejam eles em pleno sol, estejam na sombra, mas a maioria delas tem uma característica central: tolerância à seca. Aqui apresentamos apenas uma breve seleção.

TETOS VERDES EXTENSIVOS

Sol

- *Acaena macrophylla* (acaena)
- *Armeria marítima* (relva-do-olimpo)
- *Aurinia saxatilis* (alyssum)
- *Euphorbia cyparissias* (erva-da-verruga)
- *Raoulia australis*
- *Saxifraga* × *urbium*
- *Sedum acre* (pão-de-pássaros)
- *Sedum album* (arroz-de-rato)
- *Sedum rupestre*
- *Thymus serpyllum* (tomilho)

Meia-sombra

- *Ajuga reptans* (língua-de-boi)
- *Anemone nemorosa*
- *Asarum caudatum*
- *Asplenium trichomanes*
- *Corydalis lutea*
- *Duchesnia indica* (morango-de-lagartixa)
- *Mazus reptans*
- *Polypodium vulgare* (polipódio comum)
- *Sagina subulata* var. *glabrata* 'Aurea'
- *Vancouveria hexandra*

TETOS VERDES SEMI-INTENSIVOS

Sol

- *Allium flavum*
- *Allium schoenoprasum* (cebolinha)
- *Chiastophyllum oppositifolium*
- *Erigeron karvinskianus* (flor-de-ganso)
- *Festuca glauca* (festuca-azul)
- *Helictotrichon sempervirens*
- *Origanum majorana* (manjerona)
- *Stipa tenuissima*

Sombra

- *Asplenium scolopendrium* (escolopêndrio)
- *Blechum spicant*
- *Convallaria majalis* (lírio-do-vale)
- *Epimedium pubigerum*
- *Epimedium* × *versicolor*
- *Geranium phaeum*
- *Liriope muscari*
- *Luzula nivea* (junco)

Direita: O acesso para a manutenção dos tetos verdes é sempre difícil, por isso é tão importante escolher espécies adequadas a cada local. Plantas como *Sedum*, *Sempervivum* e *Achillea milefolium* (milefólio) são a escolha perfeita para este teto exposto e ensolarado.

Acima e direita: Nesta parede viva, o conjunto de plantas, que inclui *Asplenium scolopendrium*, *Asarum europaeum*, *Festuca glauca* e *Hosta*, foi selecionado cuidadosamente, levando em conta a posição sombreada. Observe o lindo contraste de forma e textura das folhas (**acima**) e como a parede forma um belo pano de fundo para o terraço (**direita**). Poderia também disfarçar uma vista desagradável.

Paredes vivas

Uma parede verde pode constituir-se de um simples grupo de trepadeiras, arbustos escandentes ou frutíferas amarradas, ou de um sistema mais complexo, que conte com uma porção de engenhocas de alta tecnologia, como mantas hidropônicas ou sistemas de irrigação automatizados. Em uma escala menor, doméstica, o ideal são módulos ou bolsas cheias de composto. Eles são fáceis de manejar e rápidos de instalar (ver p. 154), e sua manutenção também é simples.

É importante ter em mente a orientação da parede ao escolher as plantas, pois o clima pode diferir muito (ver ao lado). Cuide das plantas como trataria daquelas cultivadas em um vaso (ver p. 194).

ESPÉCIES PARA PAREDES VIVAS

Plantas pendentes, arbustos baixos, samambaias, perenes e gramíneas podem ser todos cultivados em paredes vivas, contanto que não tenham tendência para se alastrar muito. Também é possível adicionar frutas e hortaliças; ficará tão lindo que dará vontade de comer – literalmente!

ANUAIS, PERENES E GRAMÍNEAS

Paredes ensolaradas (mais de meio dia de sol no verão)

- *Ceratostigma plumbaginoides*
- *Erigeron karvinskianus* (flor-de-ganso)
- *Euphorbia myrsinites*
- *Festuca glauca* (grama-azul)
- *Helianthemum nummularium* e cultivares
- *Helictotrichon sempervirens*
- *Jasione laevis* e cultivares
- *Nepeta racemosa* 'Walkers Low'
- *Origanum laevigatum* (orégano-vermelho) e cultivares
- *Origanum vulgare* (orégano) e manjerona-brava

Paredes sombreadas (menos de meio dia de sol no verão)

Nota: Se receberem bastante água, podem tolerar posição ensolarada.

- *Ajuga reptans* (língua-de-boi) e cultivares
- *Bergenia cordifolia* e cultivares
- *Brunnera macrophylla* e cultivares
- *Carex morrowii* 'Variegata' e outros cultivares
- *Cornus canadensis*
- Samambaias (por exemplo, *Asplenium trichomanes, Blechnum spicant, Polypodium vulgare*)
- *Heuchera* 'Can-can' e outros cultivares
- *Hosta* 'Ginko Craig' e outros cultivares
- *Pachysandra terminalis*

FRUTAS, HORTALIÇAS E AROMÁTICAS

Paredes ensolaradas (mais de meio dia de sol no verão)

- Manjericão
- Tomate-cereja
- Cebolinha
- Coentro
- Orégano
- Beldroega
- Sálvia
- Morango
- Tomilho

Paredes sombreadas (menos de meio dia de sol no verão)

- Morango alpino
- Alface-de-cordeiro
- Alface
- Mostarda mizuna
- Salsa
- Mostarda gigante vermelha
- Rúcula
- Feijão-trepador anão
- Espinafre

Subindo

Para criar a parede viva mais facilmente (e com menos custos), o melhor são trepadeiras. Escolha plantas que floresçam em épocas diferentes para obter dois períodos de interesse no mesmo espaço, ou escolha duas trepadeiras que floresçam ao mesmo tempo, mas tenham cores complementares ou contrastantes. Rosas trepadeiras com clematites (*Clematis*) formam uma dupla clássica. Você pode até conjugar trepadeiras com cercas vivas altas, arbustos grandes ou árvores de copa aberta (ver p. 132).

• Trepadeiras livres

As chamadas trepadeiras livres não precisam de apoio e, portanto, exigem pouca manutenção. A hera comum (*Hedera*) sobe usando raízes aéreas, enquanto a hera-japonesa (*Parthenocissus*) tem ventosas para aderir à superfície. As trepadeiras livres muitas vezes se espalham rapidamente e são úteis para cobrir áreas maiores. Contudo, é preciso levar em conta seu vigor: é complicado controlá-las depois que "pegam o embalo".

• Trepadeiras volúveis

Trepadeiras volúveis como a glicínia sobem por meio de caules que se enrolam; já videiras (*Vitis*) e clematites (*Clematis*) usam gavinhas ou folhas. Todas precisam de treliças ou arames robustos como suporte. Não seja sovina neste ponto: trepadeiras saudáveis crescem rápido e as plantas maduras são muito pesadas, por isso é necessário um apoio substancial desde o início. Para projetos modernos, há cabos e armações de aço inoxidável disponíveis em casas especializadas, e eles ficam bem com ou sem plantas.

A tendência da maioria das trepadeiras volúveis é crescer para cima, de modo que, se quiser que se espalhem lateralmente, você terá de amarrar os brotos ao suporte regularmente.

• Arbustos escandentes

Como não trepam naturalmente, os arbustos escandentes beneficiam-se do apoio de uma parede. Os brotos precisam ser amarrados regularmente em suportes horizontais. Rosas rasteiras e trepadeiras (*Rosa*) enquadram-se nesse grupo de trepadeiras que precisam de suporte.

Esquerda, acima: Perenifólio e perfumado, o jasmim-estrela ou jasmim-brilhante (*Trachelospermum jasminoides*) é o favorito dos paisagistas para muros e cercas ensolarados. Como é razoavelmente vigoroso (mas não agressivo), precisa de um suporte forte para se enrolar.

Esquerda: *Rosa* "New Dawn" e *Clematis* "Comtesse de Bouchaud", um popular cultivar do grupo 3, produzem uma combinação colorida. Depois de florescer no final do verão, em galhos produzidos na temporada, as clematites (*Clematis*) do grupo 3 precisam ser podadas a uma altura de 15 cm a 30 cm a cada primavera. Se isso for feito, serão boas companheiras das rosas e nunca sufocarão as anfitriãs.

Acima: Perenifólia, a hera (*Hedera*) sobe usando raízes aéreas, tornando-se uma opção ideal para cobrir áreas grandes fora de alcance. Contudo, não a cultive junto a paredes que precisem de reforma; as raízes se enterrarão nela e só exacerbarão os problemas.

TREPADEIRAS E ARBUSTOS ESCANDENTES

Muros ensolarados

- *Actinidia kolomikta*
- *Clematis armandii* "Snowdrift"
- *Clematis* "Bill MacKenzie"
- *Clematis* "Niobe"
- *Cytisus battandieri*
- *Eccremocarpus scaber*
- *Itea virginica* "Henry's Garnet"
- *Rhodochiton atrosanguineus*
- *Trachelospermum jasminoides* (jasmim-de-leite)
- *Vitis vinifera* (videira)

Muros sombreados

- *Azara microphylla*
- *Berberidopsis corallina*
- *Chaenomeles speciosa* "Moerloosei" (marmelinho ornamental)
- *Clematis* "Nelly Moser"
- *Garrya elliptica* "Evie"
- *Hydrangea anomala* subsp. *petiolaris* (hortênsia trepadeira)
- *Pileostegia viburnoides*
- *Rosa* "Zéphirine Drouhin"
- *Schizophragma integrifolium*
- *Tropaeolum speciosum*

FONTES DE INFORMAÇÃO

Há muitas fontes de informação sobre como construir paredes vivas e tetos verdes – algumas boas, outras nem tanto. Em inglês, temos estas boas opções:

Sites

- http://livingroofs.org
- University of Sheffield Green Roof Centre (www.greenroofcentre.co.uk)
- The Greenroof Industry Research Portal (www.greenroofs.com)
- Green Roofs for Healthy Cities (www.greenroof.org)

Livros

- *Small Green Roofs: Low-Tech Options for Homeowners*, de Nigel Dunnett, Dusty Gedge e John Little
- *Planting Green Roofs and Living Walls*, de Nigel Dunnett e Noel Kingsbury

FORMANDO UMA PAREDE VIVA

Com um pouco de engenhosidade, é possível construir um jardim vertical ou parede viva a partir do zero – já vi um feito de madeira velha e copos plásticos! Contudo, é mais fácil (e mais limpo!) usar um módulo pré-fabricado especialmente desenvolvido para isso.

Módulos especialmente projetados, cheios de substrato, são ideais no uso doméstico: sua instalação é mais barata que a de mantas hidropônicas; há menos peças que algum dia precisarão de reposição (se é que há alguma); além disso, a manutenção é tão simples quanto a de um pequeno grupo de vasos no pátio. Os dois tipos básicos têm "bolsões" aerados de feltro ou de plástico rígido. Antes de construir um jardim vertical, escolha o local levando em conta as plantas que serão usadas.

1 Suportes firmes são essenciais – quando molhados, os módulos cheios de substrato pesam bastante. Com uma fita métrica, marque o local para os furos; com um nível, verifique se os buracos – ou o próprio produto – estão nivelados. Os módulos podem ser fixados diretamente à parede ou, se conseguir um suporte bem forte, a uma cerca de madeira (os sistemas com bolsões de feltro são melhores para cercas, já que não são achatados). Ou, então, prenda-os a batentes de madeira ou aço aparafusados na parede. Isso ajudará a parede a respirar e a nivelar cada unidade. Para determinar se é preciso colocar batentes e qual o espaçamento adequado, siga as instruções do fabricante.

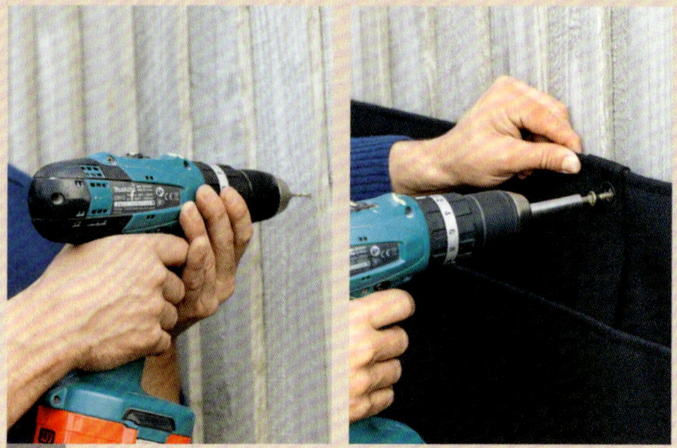

2 Usando a broca apropriada, faça um buraco e fixe (com buchas, se necessário) suportes de parede ou parafusos de 8 mm ou 10 mm. Alinhe os furos de fixação do módulo às buchas e depois aparafuse com parafusos grandes para madeira. Aperte todos os suportes. Repita se for pendurar mais de um módulo. Todos os sistemas especificam o espaçamento adequado entre cada módulo. Verifique se seguiu as instruções corretamente.

3 A parte suja vem em seguida; portanto, estenda uma lona no chão ao lado da parede. Em alguns sistemas, é preciso material de drenagem; leia as instruções. Se for o caso, encha a base de cada módulo com 2 cm a 4 cm de bolinhas de argila expandida ou pedrisco fino. Depois acrescente substrato até a metade. Use duas partes de substrato comum, sem turfa, uma parte de húmus e uma parte de Mistura John Innes 3. Misture um fertilizante de liberação lenta na quantidade especificada na embalagem. Ou, então, misture um fertilizante de liberação controlada, que fornecerá nutrientes quando as plantas mais precisarem. Só é preciso reaplicar a cada 2 ou 3 meses.

4 Arrume as plantas. Para uma cobertura completa, espécies rastejantes, como a hera (*Hedera*) devem ser posicionadas na borda de cada bolsão, célula ou calha, para que pendidas, encontrem com as plantas que crescem abaixo. Plantas mais arbustivas podem ser colocadas onde quiser. Em alguns sistemas, plantas menores são preferíveis, já que é mais fácil firmá-las. Tente conseguir uma aparência cheia logo no início, plantando com um espaçamento menor do que o normal. Também é possível semear diretamente nos módulos, mas isso significa ter que visualizar bolsas de plástico ou feltro feias até as sementes germinarem e as plantas crescerem.

5 Hora de plantar. Comece no topo do módulo e depois desça, para que o substrato não caia nas plantas abaixo. Remova o invólucro de cada muda, plante-a e encha com substrato até quase a borda, tendo o cuidado de cobrir o torrão completamente. Depois, firme o composto e regue bem.

6 Alguns sistemas têm um tubo de irrigação embutido que pode ser ligado a um *timer* automático; outros precisam ser regados manualmente. Se não houver uma torneira próxima, escolha um produto com reservatório embutido. Seja qual for o sistema que usar, porém, não deixe as plantas secarem. Em locais ensolarados, isso pode significar regar uma ou duas vezes por dia, em especial na época de crescimento.

Abaixo: Com água suficiente, uma parede viva criada com plantas deste tamanho esconderá as bolsas pretas usadas aqui em cinco ou seis meses.

Acima: O pedrisco, a pavimentação lisa, em tom preto azulado, e as pedras empilhadas deste moderno projeto complementam-se belamente e também a vegetação, que inclui buxo comum (*Buxus sempervirens*), *Skimmia japonica* "Rubella" e *Photinia* × *fraseri* "Red Robin".

Criando jardins com pedras, pedrisco ou água

De todos os diferentes materiais que funcionam bem em jardins urbanos, pedras, pedriscos e água têm uma relação tão íntima com as plantas que precisam ser especialmente focalizados.

Pedras naturais

As pedras podem ser usadas de várias maneiras, formando desde audaciosos destaques e pontos focais até agrupamentos aparentemente acidentais. O que funciona melhor depende da aparência que se deseja, da facilidade de acesso e do modo como quer usá-las. Por exemplo, blocos grandes e lisos contrastam fantasticamente com gramíneas eretas – além disso, são ótimos assentos improvisados e podem ser escalados pelas crianças.

O uso de arranjos informais de pedras no jardim muitas vezes é associado a plantas alpinas. Resultado: um jardim rochoso. Mas esse tipo de jardim dificilmente dá certo em jardins urbanos pequenos, porque, para obter uma aparência natural, eles precisam de muito espaço, grandes rochedos e um declive; não basta um solitário montículo de terra! Quando o espaço é restrito, um canteiro de pedriscos e cascalho representando a base de uma encosta rochosa é a melhor opção – embora também possa ficar esquisito se for isolado e não integrado ao resto do projeto. Por isso, às vezes é mais fácil cultivar plantas alpinas em vasos ou entre um piso e outro. Espécies vigorosas como a *Aubrietia* desenvolvem-se bem na parte frontal de canteiros ou em bordaduras, desde que esses locais estejam bem drenados.

Abaixo: Grandes rochas ou blocos de pedra são destaques esculturais, além de indispensáveis para conferir uma aparência natural. Contudo, como são pesados e difíceis de mudar de lugar, considere o acesso cuidadosamente antes de incluí-los no projeto.

Acima: Em projetos que evocam um ambiente natural, rochedos grandes, cascalho e pedriscos devem constituir uma unidade – porém dispostos em diferentes níveis, como seria de esperar na natureza.

Regras de design para pedras naturais

- Pedras locais criam um ambiente mais autêntico – são mais baratas do que pedras vindas de longe.
- Seixos arredondados, gastos pela água, ficam melhor em um ambiente urbano do que pedras importadas.
- Para conseguir uma aparência natural, nunca misture diferentes tipos de rocha.
- Use pedras com o maior tamanho possível.
- Para arranjos mais naturalistas, agrupe rochas grandes no centro, com pedras menores ao lado.
- Para evitar que pedras grandes rolem, enterre sua base no solo. Quanto maior o rochedo, mais profundamente ele deve ser enterrado.
- Tente imitar as linhas de estratificação encontradas na natureza – as rochas devem ser agrupadas horizontalmente, como na natureza.
- Pedriscos e cascalhos devem ser do mesmo tipo de minério.

O QUE É UMA ALPINA?

Alpinas são pequenos arbustos, coníferas ou perenes decíduos originários de regiões montanhosas. A maioria tem baixa estatura e folhas pequenas, pilosas ou suculentas, adaptadas para a perda de umidade. Apesar de pequenas, são grandes na personalidade, além de resistentes, tolerantes a solos pobres, ventos cortantes e temperaturas congelantes.

São perfeitas para terraços ou sacadas expostos e até para taludes bem drenados. Sua única exigência é a boa drenagem, especialmente no inverno.

Acima: Como são tolerantes à seca, alpinas diminutas como a *Sempervivum arachnoideum* podem ser cultivadas em vasos menores que o normal sem perigo de ressecamento.

Cascalho

Tal como preconizado pela pioneira Beth Chatto, o cultivo em cascalho é barato, reduz a manutenção pela metade e é perfeito para jardins com solo pobre e seco. Além disso, o cascalho é um material versátil, que contrasta com pavimentação lisa ou deques, e adequado tanto para jardins tradicionais como para os modernos.

Funciona particularmente bem substituindo o gramado no jardim da frente, onde é preferível que a manutenção seja fácil. A textura áspera também é útil para a segurança dos pedestres.

Se quiser cultivar espécies mediterrâneas ou costeiras, como a *Stachys byzantina* e a *Echinops* – perfeitas para um jardim de cascalho –, é importante que o local seja ensolarado, bem drenado e que o solo seja arenoso ou pedregoso. Contudo, se tiver um solo argiloso pesado ou um lençol freático alto, pense duas vezes. Será necessário adicionar material de drenagem. Além disso, plantas para jardins rochosos ficam esquisitas em lugares úmidos, onde as plantas ao redor são vigorosas e luxuriantes. Em regiões úmidas, aproveite a oportunidade de cultivar plantas que gostam de muita água como o ruibarbo (*Rheum*) e a *Ligularia*.

A melhor época para cultivar um jardim de pedras é no começo da primavera. Plantas mediterrâneas jovens odeiam a umidade do inverno; portanto, nunca plante no outono.

Regras de design para cascalho ou pedrisco

- Você encontrará pedras em vermelho, cinza, preto e até mesmo branco brilhante. Se quiser ocupar um grande espaço, escolha algo neutro, que se funda ao ambiente; cascalho dourado, seixos pequenos e arredondados e ardósia gasta pelo tempo funcionam bem (embora a última possa parecer sombria em grande quantidade).
- Escolha uma proporção de dois terços de pedras (principalmente perenes, arbustos e coníferas perenifólios) para um terço de cascalho. Do contrário, em vez de jardim você terá uma praia.
- Escolha pedras de 1,5 cm a 2 cm. Pedras maiores dificultarão a caminhada e as plantas terão de lutar para emergir. Se forem menores, acabarão se espalhando por toda parte e sendo levadas para dentro de casa na sola dos sapatos. Se o solo for ácido, evite cascalhos de calcário. Em média, dois sacos de 25 kg são suficientes para cobrir 1 m^2 com uma profundidade de 5 cm. Um saco grande comprado em uma loja de jardinagem ou de material de construção tem 1 m^3 e cobre de 20 m^2 a 22 m^2.
  Aviso: pedrisco misturado com argila ou resina não é adequado para plantio.
- Na junção entre a área de pedrisco e o gramado, instale uma barreira – ou passará o resto da vida tirando pedrinhas da grama, além de correr o risco de danificar as lâminas do cortador. Tijolos, granito ou toras são opções comuns para barreiras. As de madeira são mais baratas, mas as de metal transmitem um visual de frescor.

Ao lado: Embora seja mais comum usar cascalho em locais ensolarados, os de cores neutras podem funcionar bem em sombra parcial. Tampouco é comum misturar tipos diferentes de pedras – apesar disso, este projeto adota e destaca a natureza artificial deste riachinho debruando-o com placas de ardósia. Note que elas se harmonizam com os cascalhos ao lado.

Direita: Cascalho e seixos de cores neutras, gastos pela água, são bons para caminhar e, ao meu ver, perfeitos para a maioria dos ambientes urbanos. Observe a proporção saudável de plantas – neste caso, samambaias e lâmia-manchada (*Lamium maculatum* "White Nancy") – e seixos, assim como o arranjo e o tamanho das pedras.

Água

Já examinamos bastante a água pela perspectiva do design; vamos agora olhar mais de perto as plantas que vivem nela. Podemos dividir as plantas aquáticas em três grupos, dependendo do local em que crescem melhor. Se pretende fazer um tanque sustentável, tente obter um equilíbrio entre as três categorias e faça com que as plantas cubram cerca de 50% da água.

• Plantas marginais

Crescem nas margens do tanque e suas raízes alcançam de 5 cm a 20 cm, mas nunca mais de 30 cm, dentro da água. Em tanques mais fundos, costuma-se incluir uma plataforma para elas. É possível cultivar plantas marginais no solo, mas, se o seu tanque for de concreto ou plástico, você precisará usar vasos especiais cheios de substrato para plantas aquáticas.

• Plantas aquáticas

As aquáticas podem crescer submersas a uma profundidade de 30 cm a 50 cm. As ninfeias (*Nymphaea*), por exemplo, enraízam-se no fundo do tanque, mas suas flores e folhas ficam na superfície. Reduza gradualmente o nível dos recipientes para que as folhas sempre flutuem.

As oxigenadoras submersas também se enquadram neste grupo: elas crescem embaixo da água e são essenciais para a saúde do tanque.

• Plantas palustres

São plantas que gostam de solo muito úmido, mas não sempre coberto de água. Crescem naturalmente em trechos pantanosos à beira de lagos e rios. Porém, se estamos falando de um tanque artificial feito em uma parte seca do jardim, a área em torno dele não será adequada para essas espécies. Se quiser proporcionar um ambiente propício a seu cultivo, pode estender uma manta de borracha na área contígua ao tanque e enterrá-lo até uma boa profundidade (faça alguns furos para assegurar a drenagem).

Abaixo: Quanto maior o tanque, melhor. Profundidade é um fator importantíssimo: para a maioria das plantas e da fauna silvestre, o ideal é uma profundidade de 20 cm a 60 cm.

ESPÉCIES PARA TANQUES

Plantas palustres

- *Aruncus dioicus* (barba-de-cabra)
- *Iris sibirica*
- *Lobelia cardinalis* "Queen Victoria"
- *Matteuccia struthiopteris*
- *Osmunda regalis*
- *Primula denticulata*
- *Primula florindae*
- *Rodgersia podophylla*

Plantas marginais (com a melhor profundidade de plantio)

- *Calla palustris* (cala) – 5 cm
- *Cyperus papyrus* (papiro) – de 20 cm a 30 cm
- *Eriophorum angustifolium* – 5 cm
- *Glyceria maxima* – de 15 cm a 20 cm
- *Mentha aquatica* (hortelã-do-rio) – 10 cm
- *Narthecium ossifragum* (nartécio) – de 2 cm a 5 cm
- *Pontederia cordata* (orelha-de-veado) – de 10 cm a 15 cm
- *Zantedeschia aethiopica* "Green Goddess" (copo-de-leite) – de 15 cm a 25 cm

Aquáticas e água profunda (com a profundidade máxima de plantio)

- *Aponogeton distachyos* – 50 cm
- *Ceratophyllum demersum* (aquática submersa)
- *Hottonia palustris* (aquática submersa)
- *Nelumbo lutea* (lótus-amarelo) – 60 cm
- *Nuphar lutea* – 1,5 m
- *Nymphaea alba* (gólfão-branco) – 90 cm
- *Nymphoides peltata* – 60 cm
- *Orontium aquaticum* – 50 cm
- *Ranunculus aquatilis* – 90 cm

Abaixo: Não tenha medo de se limitar a apenas uma ou duas espécies, especialmente no caso de riozinhos geométricos ou tanques elevados, onde uma profusão de plantas ficaria estranha e poderia mascarar os reflexos na superfície da água.

CRIANDO UM JARDIM DE CASCALHO

Um jardim de cascalho pode ser criado de duas maneiras. A primeira é mais adequada para jardins na frente da casa ou para jardineiros com pouco tempo, pois controla as invasoras e impede que as perenes se espalhem livremente por sementes. No segundo método, as plantas podem se espalhar mais e, portanto, a aparência é mais natural. Também fica mais fácil acrescentar outras plantas depois.

OPÇÃO 1: MÉTODO DE BAIXA MANUTENÇÃO

1 Delimite cada canteiro usando punhados de areia seca. Curvas largas e naturais ficam melhor. Cerque cada canteiro com tijolos, blocos de pavimentação, madeira ou bordas de aço, como fiz aqui. Na primavera, revolva os canteiros, cavando-os até uma profundidade equivalente ao comprimento de uma pá e desmanchando os torrões maiores. Nivele a superfície com o rastelo. Em solos muito arenosos, incorpore composto.

Pise delicadamente para consolidar o solo e remover bolsões de ar.
Aplique fertilizante de liberação lenta na medida especificada no rótulo. Passe o rastelo delicadamente e regue bem no tempo seco. Para caminhos que serão usados diariamente será preciso uma estrutura robusta. Escave 10 cm, depois aplique e compacte uma camada de 4 cm a 5 cm de cascalho peneirado ou fragmentos de concreto.

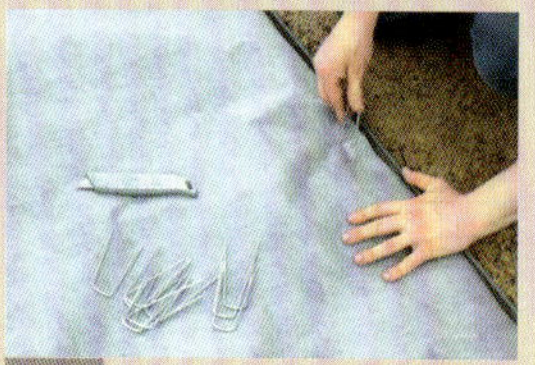

2 Coloque uma manta geotêxtil sobre a área a ser plantada, corte o excedente e fixe com grampos de metal grandes. Sobreponha as bordas de cada folha em 30 cm, para que as invasoras não emerjam através das junções.

3 Recorte fendas em cruz no tecido, nos pontos onde colocará as plantas; em seguida, plante as mudas normalmente (ver p. 128). Quanto maior o torrão das raízes, maior terá de ser a fenda.

4 Espalhe uma camada de cascalho ou pedrisco de 4 cm a 5 cm nos caminhos e ao redor das plantas, tomando o cuidado de não enterrar as mais baixas. Regue bem a área.

Direita: A beleza de um jardim de pedras construído sem o tecido geotêxtil é que as plantas se espalham naturalmente e se reproduzem por sementes onde bem entendem – aí é que está o charme da coisa.

OPÇÃO 2: MÉTODO NATURAL

Esse método não emprega tecido de paisagismo nos canteiros e bordaduras, por isso inicialmente gera mais invasoras. Contudo, isso não é problema, já que plantas como o tomilho (*Thymus*) e a *Stachys byzantina* "Silver Carpet", que suprimem invasoras, também podem se espalhar livremente.

Demarque, cultive e cerque cada canteiro, como antes. Caminhos que serão usados diariamente devem se assentar em uma camada compacta de 4 cm a 5 cm de cascalho peneirado ou concreto esmigalhado. Depois de plantar as mudas, espalhe uma camada de 4 cm a 5 cm de cascalho ao redor delas e nos caminhos. Dormentes de madeira ou lajotas são úteis para delinear o caminho, além de oferecer segurança aos pedestres.

ARBUSTOS E CONÍFERAS PARA JARDINS DE PEDRAS – LOCAIS SECOS E QUENTES

- *Ceanothus thyrsiflorus* var. *repens*
- Espécies e cultivares de *Cistus* (cisto)
- *Juniperus scopulorum* "Skyrocket" e outros cultivares
- *Lavandula angustifolia* (lavanda) e cultivares
- *Perovskia* "Blue Spire"
- *Phlomis italica*
- *Pittosporum tobira* "Nanum" (pitosporo)
- *Rosmarinus officinalis* (alecrim) e cultivares
- *Santolina chamaecyparissus* (santolina)
- *Yucca gloriosa* (iúca ou baioneta-espanhola)

Cultive seu próprio alimento

Acima: Aspectos práticos, como caminhos de fácil acesso e materiais resistentes, são a preocupação central do jardim produtivo. Mas isso não significa que ele não possa ser também um espaço bonito.

Poucos jardineiros têm o terreno perfeito, mas, mesmo numa floreira na janela ou numa sacada sombreada, é possível cultivar – literalmente – uma vida saudável.

Decidir que variedades comestíveis cultivar depende do espaço disponível, da sua habilidade e do que realmente gosta de comer. Produtos fáceis de cultivar, caros e que têm sabor melhor quando colhidos na hora devem ser sua primeira escolha: abobrinha, morango, acelga, tomate-cereja, groselha, espinafre, folhas para salada, cebola, fava (esta você *precisa* plantar!), feijão-trepador e batata precoce estão nessa lista. Vale a pena usar variedades modernas, com comprovada resistência à seca ou a doenças; as variedades tradicionais serão boas escolhas à medida que você adquirir confiança, mas precisam de mais cuidado e atenção.

Cultivar a partir de sementes não é difícil e ajuda a manter o custo baixo. Contudo, a maioria dos viveiros oferece mudas; apenas se lembre de manter as espécies sensíveis ao frio protegidas até que passe o perigo de geadas. Rabanete, rúcula, coentro e folhas para salada que rebrotam constantemente ocupam pouquíssimo espaço. No início da temporada, plante-os ao redor de alhos-porós, nabo e de brássicas maiores e de crescimento mais lento – eles serão comidos bem antes de começar a atrapalhar.

"Minivegetais", desenvolvidos por cruzamentos, são perfeitos para jardins pequenos ou vasos, e muitos amadurecem bem mais cedo do que as variedades regulares (ver boxe p. 165). É possível cultivar algumas variedades maiores usando espaçamento menor que o normal e assim obter hortaliças *baby* (menores e mais tenras). Faço isso há anos; mas é preciso colher as variedades folhosas regularmente.

Para garantir o fornecimento contínuo, semeie pouco e com frequência, a cada 4 ou 6 semanas. Quando uma "safra" se esgota, terá outra pronta para colher. Ou, então, semeie variedades diferentes da mesma hortaliça; a maioria tem algumas variedades precoces e outras tardias.

Acima: Com um pouco de engenhosidade é possível cultivar alimentos em qualquer lugar! Em uma calha plástica rasa como esta, plantas folhosas compactas ou de colheita contínua terão os melhores resultados.

Abaixo: Uma minúscula jardineira, um cesto pendente ou um "bolsão de plantio" na janela da cozinha – em todos esses recipientes é possível produzir coisas gostosas, como estes tomates.

HORTALIÇAS FÁCEIS PARA PRINCIPIANTES

- Abobrinhas (as flores também são comestíveis)
- Agrião do seco (picante e delicioso)
- Alfaces *baby*
- Alho
- Capuchinha (todas as partes da planta são comestíveis)
- Cebola
- Espinafre ("Mikado F1" e "Tetona" são menos propensos a produzir flores e sementes no tempo seco)
- Rabanete
- Rúcula
- Salsa (jogue água quente nas fileiras antes de semear para ajudar na germinação)

VARIEDADES COMPACTAS, ESPECIALMENTE DESENVOLVIDAS E FÁCEIS DE CULTIVAR

- Abóbora – "Bush Baby"
- Abobrinha – "Bambino", "Eight Ball", "Supremo"
- Beterraba – "Boro", "Boston", "Pablo"
- Cebola – "Apache", "Savel", "Shimonita"
- Cenoura – "Bambino", "Little Finger", "Parmax", "Sugersnax"
- Ervilha – "Avola", "Reuzensuiker", "Tom Thumb"
- Fava – "Stereo", "The Sutton"
- Feijão-trepador – "Hestia", "Minnow"
- Nabo – "Atlantic", "Tokyo Cross"
- Vagem – "Ferrari", "Purple Teepee", "Speedy", "Stanley"

Horta em vasos

Um espaço para hortaliças é um luxo em um jardim pequeno, mas sempre é possível cultivá-las em recipientes. Apenas lembre-se de regar com regularidade (especialmente morangos e tomates) e de adubar quando for necessário.

Se quiser cultivar ervas aromáticas e hortaliças anuais, qualquer substrato de uso geral de boa qualidade, sem turfa, pode ser usado. Para plantios permanentes de aromáticas e frutíferas arbustivas, bem como de hortaliças perenes (exceto alcachofra, cardo e tupinambo, que são grandes demais), use substrato à base de solo argiloso.

Batatas

Recipientes para plantar batatas devem ter pelo menos 40 cm de profundidade e de largura. Sacos de batata, barris serrados – até mesmo lixeiras – são ideais. Escolha batatas de salada ou batatas precoces, já que amadurecem com rapidez e produzem caules menores do que as outras variedades, ocupando, portanto, menos espaço. As variedades "Rocket", "Swift" e "Charlotte" são deliciosas e não dão trabalho. Simplesmente coloque de três a cinco tubérculos com brotos em uma camada de 15 cm de substrato. Assim que os brotos tiverem de 15 cm a 20 cm de altura, cubra-os com mais substrato, para impedir que as batatas fiquem verdes. Repita o processo ao longo dos meses. Colha a partir do início ou meio do verão.

Berinjelas e pimentas

As berinjelas "Pot Black", "Baby Rosanna" e "Baby Kermit", listradas de verde, são perfeitas para vasos. Coloque uma no centro de uma tina grande e associe-a com cebolinha (*Allium schoenoprasum*), sálvia (*Salvia*) e touceiras de manjericão (*Ocimum*) plantadas nas bordas – o arranjo ficará lindo, além de delicioso. Pimentas também vão bem; variedades anãs como "Chenzo", "Prairie fire", "Apache" e "Loco" não ultrapassam os 60 cm de altura. Para impedir que os ramos carregados de frutos enverguem, posicione discretamente uma estaca de bambu no centro do vaso.

Ervas aromáticas

Alecrim (*Rosmarinus officinalis*), sálvia, tomilho (*Thymus*) e manjericão anual, assim como coentro (*Coriandrum*) e estragão (*Artemisia dracunculus*), precisam de sol. Já melissa (*Melissa officinalis*), cebolinha, hortelã (*Mentha*), salsa (*Petroselinum crispum*) e orégano (*Origanum*) toleram um pouco de sombra.

Apenas anuais de vida curta precisam de irrigação regular, às vezes diária. Mantenha as outras espécies mais drenadas, mas nunca completamente secas. Não adube com muita frequência – nem mesmo o manjericão –, senão as ervas ficarão compridas, magras e perderão sabor. Outro cuidado para intensificar o sabor é remover as flores.

Esquerda: Muitas hortaliças são tão bonitas quanto gostosas e é até mesmo possível elevar o *status* das frutas e hortaliças simplesmente cultivando-as em vasos bonitos. Recipientes grandes também podem acomodar belas combinações.

Ao lado: Cachepôs de vime – que funcionam quase como "biombos" baixos – são úteis para esconder vasos e sacos de cultivo feios, quando quiser manter as aparências, mas minimizar os custos. São vendidos em vários tamanhos.

Acima: Qualquer um pode cultivar folhagens de corte contínuo – nada poderia ser mais fácil. As folhagens dos supermercados são muito caras; cultivando-as em casa, você pode economizar uma fortuna.

Feijões-trepadores

Ideais para vasos grandes (pelo menos 40 cm de diâmetro), os feijões-trepadores são fáceis de cultivar e resistentes a pragas e doenças. Apoiadas em um tripé de bambu ou aveleira, variedades tradicionais coloridas como a "Polestar" ou a "White Lady" produzem fartas colheitas e ficam bonitas também. Semeie a 5 cm de profundidade em vasos individuais próximos a uma janela ensolarada e, depois, transplante as mudas quando não estiver no frio extremo. Ou semeie diretamente no verão. Repique as pontas quando chegarem ao topo dos suportes e faça a colheita quando as vagens tiverem de 15 cm a 20 cm de comprimento.

Folhagens para salada

Folhagens mistas ("Saladini", "Misticanza D'Insalate" e "Niche Oriental"), rúcula e espinafre são simples de cultivar como plantas de colheita contínua, assim como alfaces de folhas soltas ("Little Gem" e "Red Salad Bowl"). Para isso, corte-as com tesoura a 8 cm do solo quando estiverem com 12 cm a 15 cm de altura. Corte com cuidado, para não danificar os pontos de crescimento.

Morangos

Forre uma cesta pendente de 35 cm a 40 cm de largura com musgo; depois encha pela metade com substrato de boa qualidade, sem turfa. Insira quatro ou cinco mudas nas laterais, encha com substrato até o topo e plante mais três ou quatro mudas antes de regar bem. Variedades perenes como "Mara de Bois" e "Aromel" são as melhores. Os morangos alpinos "Mignonette" e "Baron Solemacher" crescem bem em jardineiras de janela profundas. Morangos também se desenvolvem em sacos de cultivo, cochos e tinas.

Tomates

Há variedades com ramos pendentes que são excelentes para cestas. A variedade "Micro Tom" pode ser cultivada em vasos do tamanho de xícaras de café e chega a produzir de 40 a 50 tomates por pé!

Acima: Em sombra parcial, vegetais folhosos (aqui, couve "Nero di Toscana" e alface "Green Frills") não crescerão tanto quanto os cultivados ao sol, mas vale a pena tentar, se puder lhes oferecer água suficiente, além de solo fértil e bem drenado.

Lugar de hortaliças e frutíferas

Para ajudar hortaliças e frutíferas a se estabelecer com rapidez, plante-as em pequenos vasos ou módulos em uma janela ensolarada antes de transplantá-las para o local definitivo.

Plantas que produzem frutos ou "cabeças" como couve-flor, abobrinha, tomate e pimenta precisam de um lugar ensolarado. Já vegetais folhosos como alface, shisô, salsa, coentro e espinafre não se incomodam com um pouco de sombra; na verdade, a maioria prefere condições mais frescas durante o verão. Frutas normalmente encontradas na borda das florestas tampouco se incomodam com um pouco de sombra – experimente ruibarbo, groselha, groselha espinhosa e, se tiver espaço, framboesa e amora-preta.

Em sombra intensa, apenas folhagens de maturação rápida produzirão algo (se cultivadas em um vaso ou saco). Evite plantar sob árvores densas, especialmente coníferas – fica muito escuro e seco embaixo delas.

Frutíferas

É difícil cultivar árvores e arbustos frutíferos grandes em jardins pequenos, mas é possível economizar espaço cultivando-as bem perto de paredes e cercas. Frutas como maçãs, peras, groselhas e groselhas espinhosas podem ser cultivadas com apenas um caule (conduzido em um ângulo de 45°, e não verticalmente, para que as plantas concentrem energia na produção de flores e frutos em vez de brotos).

Maçãs e peras também podem ser cultivadas em elegantes latadas, com os ramos amarrados em três ou quatro fileiras horizontais, enquanto frutíferas mais vigorosas, como ameixas, cerejas, figos, pêssegos e damascos (mais difíceis de cultivar), devem ser amarradas em leque. Possuem qualidades esculturais e não precisam de uma parede como apoio; você pode amarrá-las a postes com arames e usar isso para dividir espaços do jardim – uma fronteira comestível.

No caso das frutíferas é importante considerar a polinização: muitas variedades são estéreis e precisam de árvores próximas que floresçam ao mesmo tempo para polinizá-las. Se tiver espaço apenas para uma árvore e não houver árvores nos jardins próximos, use variedades autopolinizantes como maçãs "Cox Self Fertile", cerejas "Stella", ameixas "Victoria" e peras "Concorde".

Árvores multi-enxertadas

Possuem dois ou três cultivares enxertados no mesmo pé e, portanto, são ideais para jardins pequenos – você consegue diferentes variedades que produzem em épocas diferentes e em pouquíssimo espaço. Maçãs são mais comuns, mas também há ameixas, peras e cerejas multi-enxertadas. O tamanho não é a única vantagem. Elas também se autopolinizam – um cultivar poliniza o outro – e, portanto, não importa se há outras árvores por perto. Essas árvores também são úteis para polinizar outras variedades que não estejam produzindo.

Direita: Qualquer superfície vertical pode ser usada para cultivar boas frutas, e poucas trepadeiras ou paredes vivas seriam tão produtivas. Assegure-se apenas de escolher a planta certa para o local certo. Maçãs de sobremesa como esta precisam de uma parede ensolarada para produzir bem.

FRUTAS FÁCEIS DE CULTIVAR

APOIADAS EM PAREDES ENSOLARADAS (MAIS DE MEIO DIA DE SOL NO VERÃO)

- Maçã de sobremesa – "Beauty of Bath"
- Figo – "Brown Turkey"
- Pera – "Doyenné du Comice"
- Ameixa – "Victoria"
- Cereja doce – "Celeste"

APOIADAS EM PAREDES SOMBREADAS (MENOS DE MEIO DIA DE SOL NO VERÃO)

- Groselha preta – "Ben Lomond"
- Maçã de cozinhar – "Bramley"
- Groselha espinhosa – "Invicta"
- Groselha vermelha – "Rovada"
- Cereja ácida – "Morello"
- Groselha branca – "Blanka"

Abaixo: Frutíferas conduzidas (aqui, uma macieira formando um duplo "U") são sempre enxertadas em um cavalo diferente, que determina o tamanho final da planta. Verifique com o fornecedor se está obtendo a planta no tamanho certo para seu terreno. Em jardins pequenos, cavalos anões ou semianões são os melhores.

Beabá da horticultura

Solo

Solo saudável significa colheita saudável. A cada outono ou início de primavera, incorpore bastante substrato caseiro ou um condicionador de solo de boa marca (na falta, use substrato de uso geral sem turfa) para melhorar a estrutura do solo e sua fertilidade; em solos argilosos pesados, isso é essencial. Evite andar sobre o solo molhado para não compactá-lo. No caso de solos pobres, cultive as hortaliças em canteiros elevados (ver p. 174) ou em vasos com composto.

Irrigação

Irrigação regular faz a diferença entre boas colheitas e vegetais franzinos. Nunca deixe o solo ou substrato secar completamente. Hortaliças folhosas, morangos, tomates, berinjelas, abóboras e feijões precisam ser regados todos os dias no tempo quente, mais ainda se forem cultivados em vasos.

Acima: Verduras, em especial, precisam de muita água. É necessário regá-las uma vez ao dia, talvez até duas vezes – caso esteja muito quente –, para evitar que elas germinem antes do tempo.

Adubação

Aumentar a fertilidade do solo leva tempo; portanto, na primavera aplique um fertilizante geral como adubo solúvel em água, ou farinha de sangue, peixe e osso; para plantas em vasos use qualquer um deles. A maioria das frutas e hortaliças não precisa de mais adubação regular depois disso. Tomates, berinjelas e pimentas são exceções: três ou quatro semanas após o plantio, comece a aplicar fertilizante líquido para tomates a cada duas semanas.

Rotação

A rotação de culturas consiste em mudar de lugar grupos de vegetais de certo tipo para que não cresçam todos os anos no mesmo pedaço de terra. Essa técnica impede o acúmulo de pragas e doenças e aproveita as propriedades de diferentes espécies para enriquecer o solo: por exemplo, as leguminosas "fixam" nitrogênio no solo, o qual será consumido pelas famintas brássicas plantadas em seguida. É útil também porque agrupa plantas com necessidades similares, o que facilita a manutenção.

Os três grupos para a rotação são: leguminosas e cebolas (feijão, ervilha, cebola, alho, cebolinhas, alho-poró); brássicas (repolho, couve, couve-flor, brócolis, couve-de-bruxelas) e "raízes" (batata, beterraba, cenoura, nabo, além de salsão e milho). Onde sobrar espaço, plante folhagens para salada, abobrinha, abóbora e moranga. Com três canteiros, você pode cultivar cada grupo todos os anos, da seguinte maneira:

	Canteiro 1	Canteiro 2	Canteiro 3
Ano 1	Leguminosas e cebolas	Brássicas	'Raízes'
Ano 2	Brássicas	'Raízes'	Leguminosas e cebolas
Ano 3	'Raízes'	Leguminosas e cebolas	Brássicas
Ano 4	Leguminosas novamente e recomeça o ciclo	Brássicas novamente e recomeça o ciclo	'Raízes' novamente e recomeça o ciclo

Pragas e doenças

Se o terreno for realmente muito pequeno, não se preocupe tanto com a rotação de culturas; apenas tente mudar brássicas e cebolas para evitar infecção por fungos. Para conselhos mais detalhados sobre pragas e doenças, ver p. 220.

Ao lado: Com dois ou mais canteiros elevados (o ideal são três), praticar uma boa rotação de culturas é fácil. Simplesmente mude as culturas de canteiro (ver acima) a cada ano. Como cada canteiro é uma unidade independente, você pode ajustar o pH e os níveis de fertilidade de acordo com a cultura.

CONSTRUINDO UM CANTEIRO SOBRE CONCRETO

Embora canteiros elevados de madeira devam ser colocados diretamente na terra, é possível construí-los sobre pisos frios ou lajes de concreto – uma opção viável no caso de um pátio pavimentado ou concretado. Tábuas tratadas por pressão de 15 cm ou 20 cm × 2,5 cm são perfeitas para a estrutura. Ou, então, tábuas de andaime (sem os suportes de metal), que devem ser pintadas com preservativo ecológico para durar mais.

1 Com uma fita métrica, verifique se o tamanho do canteiro é adequado ao espaço disponível. Para canteiros com acesso de ambos os lados, a largura máxima deve ser de 1,5 m. Os que têm acesso apenas por um lado não devem ter mais de 90 cm; se forem mais largos, será difícil mexer na extremidade sem pisar neles e compactar o solo. Os caminhos entre os canteiros devem ter no mínimo 60 cm – ou 1,2 m para o acesso de cadeiras de rodas.

2 Meça cuidadosamente e veja qual tamanho funciona melhor. Uma tábua de 15 cm como esta produz um canteiro profundo o suficiente para saladas, abobrinhas, pimentas, espinafre, rabanete, ervas aromáticas e morangos, mas não para plantas mais altas, como brássicas, feijões-trepadores e milho, ou para raízes como nabo, batatas e cenouras compridas. Para essas hortaliças, você vai precisar encaixar uma tábua sobre a outra e, assim, conseguir um canteiro mais profundo. Outra opção – que também minimiza o custo com substrato – é cultivá-las em tinas ou barris grandes cortados ao meio.

3 Serre as tábuas no tamanho determinado. Canteiros construídos sobre uma base de concreto exigem drenagem eficiente: faça furos nos lados, 4 cm acima da base da estrutura, espaçados em 25 cm a 30 cm, usando uma broca chata para madeira de 1 cm a 2 cm de largura. Depois, fixe os cantos, usando sarrafos tratados de 5 cm x 5 cm ou pequenos mourões de cerca de 7,5 x 7,5 cm, serrados com 1 cm a menos que a altura total da tábua. Aparafuse, usando parafusos de deque de 4 cm a 5 cm de comprimento. Use um esquadro para manter a estrutura quadrada.

4 Com a estrutura no lugar certo, acrescente 3 cm de pedrisco miúdo e cacos de cerâmica para ajudar na drenagem. Para canteiros elevados sobre terra, não é necessário acrescentar essa camada de drenagem (nem fazer os furos nas laterais).

5 Encha o canteiro com substrato. Uma mistura de 70:30 de mistura John Innes 3 e composto de uso geral sem turfa é o ideal. Uma mistura assim não precisa ser substituída, desde que, no início da primavera e no meio do verão, você acrescente um pouco de composto para jardim e um pouco de fertilizante de uso geral para restaurar os níveis de fertilidade. Em canteiros profundos, pode ser preciso comprar sacos de solo agrícola peneirado. Lembre que, quanto mais profundo o canteiro, mais substrato precisará e maior será sua despesa. Nivele o solo com o rastelo e pise delicadamente para firmá-lo. Passe o rastelo novamente para remover suas pegadas e comece a plantar. Depois, regue bem.

JARDINAGEM EM VASOS

Vasos oferecem toda a beleza de um jardim, mas em miniatura. São fáceis de administrar e versáteis – excelentes tanto para jardineiros iniciantes como para os veteranos. Além disso, conseguem trazer alegria a um jardim de forma quase instantânea, independentemente da estação.

Para muitos jardineiros, especialmente os que só dispõem de sacadas, coberturas ou pátios cobertos de concreto, os vasos são o jardim em si, e as plantas a única maneira de ocultar uma monotonia cinzenta. Porém, os vasos não são apenas um lugar para cultivar flores de cores vibrantes ou espécies sensíveis ao frio. Árvores, arbustos e até mesmo frutíferas e hortaliças podem ser cultivados neles, essas últimas capazes de fornecer alimentos frescos para sua família.

O design em mente

No jardim urbano atual, os vasos também são altamente valorizados pela perspectiva do design. Quando posicionados com inteligência, vasos enfatizam e emolduram portas, arcos ou vistas especiais. Também ajudam a dividir um pátio grande, distinguindo o espaço de refeições da área de estar – sem separá-las radicalmente entre si ou do resto do jardim. Recipientes grandes – os que têm mais de 40 cm – podem ser destaques esculturais ou fantásticos pontos focais por si sós. Se forem especialmente bonitos, nem sequer precisam conter plantas.

Adoro os recipientes por sua flexibilidade e pela maneira como permitem ao jardineiro experimentar diferentes combinações de plantas e design. Pode-se mudá-los de lugar de acordo com a estação e com a época em que as plantas estão em sua melhor forma ou, ainda, se cansar do arranjo, reordenar sua posição para obter um visual completamente novo. Eles também são ótimos para reanimar um esquema de plantio que perdeu cor – acrescente um vaso bonito e terá cor instantânea. E mais: como você escolhe o substrato, pode cultivar o que quiser, sejam quais forem as condições do solo local.

Ao lado: Esta moderna jardineira oval, aqui plantada com alecrim (*Rosmarinus*), tomilho (*Thymus*) e sálvia variegada (*Salvia officinalis* 'Tricolor'), é um perfeito lar permanente para ervas aromáticas.

Direita, em cima: Recipientes são ideais para combinações de anuais e bulbos coloridos, que, de outra maneira, poderiam se perder em canteiros e bordaduras. Eles também podem ser facilmente movidos para posições mais proeminentes quando estão com seu melhor aspecto.

Direita, abaixo: Nem sempre os recipientes precisam de plantas. Vasos atraentes por si mesmos constituem ótimos pontos focais ou, neste caso, um elemento de destaque em conjunto com a bica de água.

Regras de design

Estilo e cenário

O cenário, especialmente a arquitetura de sua residência, e o estilo de design determinam o que fica melhor. Calhas de aço patinável em bronze profundo e colunas de cores brilhantes, repletos de gramíneas plumosas ou topiaria esférica, formam um visual elegante e contemporâneo. Por sua vez, jardineiras de estanho envelhecido e cestas ornamentadas, transbordantes de cíclames de inverno, combinam melhor com cenários tradicionais.

Para projetos imponentes, escolha jardineiras de pedra bem grandes; cestas de vime e vasos de terracota texturizados ficam melhores em ambientes mais íntimos.

Acima: Vasos posicionados a espaços regulares introduzem uma nota formal no jardim e podem ajudar a separar uma área da outra. Aqui, as plantas escolhidas (que incluem *Narcissus* "Thalia" e *Muehlenbeckia complexa*) têm um efeito suavizante, mas desempenham um papel secundário em relação aos vasos.

Agrupamento e localização

Projetos inspirados em jardins campestres são descontraídos e pedem um arranjo informal de vasos. Em jardins de geometria forte, porém, eles devem ser usados por seu impacto arquitetônico, já que arranjos aparentemente aleatórios podem parecer estranhos. Devem ser colocados em posições proeminentes, sozinhos, ou então deve haver uma repetição de vasos e plantas iguais, como se fossem soldados em um desfile – isso realçará destaques lineares, como degraus e caminhos, ou proporcionará segurança na borda de pátios e deques.

Acima: Modernos cubos complementam o layout geométrico deste jardim de cobertura e estabelecem conexões com a arquitetura circundante.

Direita: Recipientes com plantas delicadas como estas diminutas prímulas (*Primula auriculata*) precisam ser agrupados para causar impacto. Eles podem ser mudados de posição à medida que cada planta florescer. Outra vantagem é que, agrupados assim, ficam mais fáceis de regar.

Acho que a vista que se tem da edificação é particularmente importante. Se um vaso solitário for um ponto focal, ele deve ser posicionado claramente para capturar o olhar de quem estiver na área de estar principal do jardim. Similarmente, uma fileira formal de vasos idênticos não deve obstruir a vista: eles devem ser orientados de maneira a envolvê-la.

Harmonia e repetição

Tente não combinar muitos estilos e materiais diferentes – atenha-se a um ou dois. Isso impedirá que sua coleção de vasos se transforme em uma bagunça descoordenada, mesmo que sofra mudanças ao longo do tempo.

Vasos pequenos (menos de 40 cm de altura) com bulbos ou ervas aromáticas muitas vezes parecem perdidos quando sozinhos; portanto, para obter mais impacto, agrupe-os ou plante a mesma espécie em mais de um.

Escala e tamanho

Analise o tamanho do vaso (e das plantas) em relação ao resto do jardim. Se o recipiente tiver um papel significativo no projeto, pense grande: jardins pequenos não precisam de vasos pequenos; perversamente, eles têm efeito contrário e encolhem ainda mais o jardim. Por outro lado, vasos grandes são difíceis de mudar de lugar e você pode enjoar deles com o passar do tempo. Para verificar se as proporções estão corretas, rabisque fotografias para visualizar como ficariam *in situ*. Ou, então, faça um modelo em tamanho natural usando caixas de papelão (ver pp. 76-77).

Outra vantagem dos vasos grandes é que o substrato não secará tão rapidamente, e haverá solo suficiente para que as raízes se espalhem. Claro que também é preciso levar em conta as plantas – alpinas pequenas, por exemplo, exigem vasos rasos –; mas, de modo geral, quanto maior o volume de composto, maior a proteção das raízes contra extremos de temperatura. Lembre, porém, que plantas miúdas não prosperam em recipientes grandes, pois o excesso de substrato acaba deixando as raízes encharcadas.

Outros fatores práticos também podem influenciar. Em jardins de frente use vasos grandes e pesados, que são mais difíceis de roubar. Em sacadas e coberturas, o peso também deve ser levado em conta, mas sob o ponto de vista oposto: escolha recipientes o mais leves possível. Em locais expostos ao vento, evite recipientes altos e finos, que tendem a tombar.

O vaso

Vasos são tão importantes quanto as plantas que contêm – em alguns projetos são até mais importantes do que elas, relegadas a um papel secundário.

- Formas audaciosas têm mais impacto.
- Vasos cheios de detalhes pedem plantas pouco chamativas. Em contrapartida, misturas coloridas de plantas funcionam melhor em vasos simples.
- Quando em dúvida, escolha vasos de formas clássicas e cores neutras – uma razão para a popularidade da cerâmica.
- Para que a aparência seja harmoniosa, o recipiente deve complementar as plantas escolhidas (ver pp. 188-189).

Direita: Menos é definitivamente mais. Esta combinação escultural constitui um esplêndido ponto focal, e o recipiente em aço patinável dá continuidade ao tema semi-industrial do projeto.

Materiais

Existem vasos para todos os gostos e todos os bolsos. Mas, embora a estética seja importante, uma consideração central – muitas vezes esquecida – é a frequência e o volume de regas que cada tipo de material exige.

CERÂMICA (BARRO)

- Sempre compre cerâmica que resista a temperaturas extremas.
- Para acelerar o efeito de exposição ao tempo, passe iogurte misturado com um pouco de esterco nas laterais. Com um pouco de sombra, o vaso parecerá antigo em pouco tempo.
- A porosidade natural da cerâmica é benéfica para as plantas porque favorece a drenagem e a aeração; porém, ela absorve água do substrato no tempo seco, e deixa as plantas com sede. Para impedir isso, forre o interior com um pedaço de saco de lixo (sem cobrir os furos de drenagem) ou então com mantas de plástico rígido.
- Antes de usar os vasos novos, mergulhe-os em um balde até ficarem encharcados.

CERÂMICA ESMALTADA

- Quando se misturam plantas diferentes, é melhor escolher esmaltes de uma cor só.
- Observe o esmalte quando comprar, especialmente se pretende enfileirar recipientes idênticos, já que o acabamento pode variar conforme a posição em que o vaso foi colocado no forno.
- Em vasos com acabamento craquelê ou não esmaltados por dentro, a água às vezes se infiltra sob o esmalte, que começa a descascar. Solução: forre com plástico, como sugerido acima.
- A cerâmica esmaltada é menos porosa do que a natural, por isso ideal para vasos menores.

PEDRA NATURAL

- É pesada e cara.
- É a escolha perfeita para projetos clássicos, já que envelhece belamente.
- Para ambientes modernos, prefira vasos de granito ou ardósia lisa.
- Envelheça a pedra natural com o mesmo método usado para a cerâmica (ver acima).

Acima: Estas belas urnas de pedra, associadas a exemplares de *Iris* "Action Front", podem custar mais do que quaisquer outros materiais, mas introduzem uma elegância atemporal no projeto do jardim.

Direita: Grandes o bastante para o plantio permanente de árvores ou arbustos, barris de madeira trazem um encanto retrô a projetos mais românticos. Também são ótimos como pequenos tanques.

PEDRA MOLDADA OU RECONSTITUÍDA (INCLUSIVE *TERRAZZO*)

- Custa menos do que pedra natural.
- É feita com pedras mistas esmagadas com concreto ou resina. Vasos especiais são acabados à mão para ficarem parecidos com pedra verdadeira.
- Há tanto modelos de época como ultramodernos.

FIBRA DE VIDRO E PLÁSTICO REFORÇADO COM VIDRO

- São perfeitos para sacadas ou coberturas.
- Atualmente não podem ser reciclados, mas duram bastante.
- Como não são porosos, o substrato não se resseca; contudo, podem ficar saturados se não houver furos de drenagem suficientes.

MADEIRA

- Recipientes de madeira nobre, como carvalho ou teca, custam mais do que os de madeira comum tratada com pressão, mas duram mais.
- Colorize, pinte ou envernize de acordo com sua casa ou projeto paisagístico.
- Origem – procure no rótulo o certificado de origem de uma instituição autorizada como o Cerflor ou o FSC. Isso significa que a madeira provém de uma fonte sustentável.
- Em projetos tradicionais, velhas tinas de vinho e uísque ficam adoráveis.
- Vasos de madeira sofisticados geralmente vêm com um forro de plástico rígido ou metal, que impede a água de manchar a parte externa.

METAL

- Tradicionais, o ferro e o chumbo fundidos envelhecem com muito charme, mas foram superados por imitações mais baratas e leves.
- Cobre fica lindo, especialmente quando se oxida.
- Para projetos modernos, há uma vasta gama de cubos, colunas, cilindros e esferas de aço, disponíveis em acabamento galvanizado ou inoxidável.
- Jardineiras enferrujadas de aço patinável não devem ser colocadas sobre pedra de cor clara, já que a ferrugem pode manchar a superfície.
- Graças ao advento da tinta em pó, vasos de metal podem ser pintados de qualquer cor.
- Jardineiras longas de aço fino podem vergar no meio quando estiverem cheias de composto, por isso é importante colocar apoios internos.
- Recipientes de metal se aquecem ao sol, o que resseca o composto. Use-os em meia-sombra parcial ou forre-os com algumas folhas de jornal. Isso oferecerá um pouco de proteção às raízes e reterá água.

PLÁSTICO

- É barato, leve e dispensa manutenção.
- Tinas de polipropileno grandes, sem furos de drenagem, podem ser transformadas em pequenos tanques à prova de rachadura.
- Cores naturais ou neutras, como as que imitam granito escuro ou cerâmica fosca, ou mesmo verde-escuro, são as preferíveis; outra opção é ocultar o vaso.
- São propensos ao acúmulo de água; portanto, faça furos de drenagem suficientes.

Escolhendo plantas

Ainda que praticamente qualquer planta possa ser cultivada em um recipiente, algumas exigem menos manutenção do que outras, o que faz delas uma escolha melhor, em especial se seu tempo for curto. Como já falamos sobre o cultivo de frutas e hortaliças em vasos (pp. 166-167), vamos nos concentrar agora nas ornamentais.

Vigor

É verdade que cultivar plantas em vasos restringe seu crescimento, quase como em um bonsai. Nem por isso vale a pena investir em plantas enormes e de crescimento rápido, como a hera-japonesa (*Parthenocissus tricuspidata*) e a piracanta (*Pyracantha*). É possível cultivar árvores em recipientes, mas dê preferência a espécies que exigem poucos cuidados, como magnólias perenifólias, macieiras silvestres (*Malus*), cerejeiras ornamentais (*Prunus*), bétulas pequenas (*Betula*) e bordos com casca do tipo pele de cobra, sulcada, (*Acer capillipes*, *A. davidii* e *A. rufinerve*), que em geral dispensam replantios regulares.

Tolerância ao vento e à seca

Em sacadas e coberturas, sua escolha deve recair sobre plantas que formam touceiras ou tapetes, ou que tenham folhas cinzentas e pilosas, grossas e cerosas, ou ainda semelhantes a agulhas, pois elas já se adaptaram naturalmente a tais condições. Alpinas, coníferas de pequeno porte, arbustos como a alfazema (*Lavandula*) e perenes (incluindo *Sedum* e *Sternbergia*) não precisam de muita água. Em outros casos, nem sempre é necessário considerar a adequação da planta a certa posição ou a certa necessidade de regas, especialmente se o local for úmido, sombreado e abrigado.

Plantios temporários e permanentes

Plantas tradicionalmente usadas em canteiros como bocas-de-leão (*Antirrhinum*) e prímulas (*Primula*) promovem um espetáculo de cor em determinadas épocas. Mas, para manter os vasos atraentes o ano inteiro, geralmente é preciso fazer um ou dois replantios. Além disso, essas espécies exigem muita manutenção. Tendo isso em mente, o jardineiro urbano costuma dar preferência a plantios permanentes – afinal, arbustos de formas esculturais, topiaria, palmeiras, gramíneas ornamentais e perenes perenifólias possuem folhagens e formas que perduram visualmente por muito mais tempo. O melhor arranjo talvez seja uma base de plantas permanentes com algumas pitadas de cor sazonal introduzidas por anuais e bianuais.

Arranjos mistos?

Uma variedade plantada em massa impõe-se mais e produz mais impacto visual do que um arranjo misto; contudo, este dá mais espaço para a criatividade e para uma relação íntima e instigante entre as plantas – quando elas se debruçam umas sobre as outras, por exemplo.

Ao lado: Deixe-se contagiar pela energia de anuais e perenes vigorosas como a *Erigeron karvinskianus* – combinada aqui com *Sedum sieboldii* "Mediovariegatum". Elas formam um arranjo vistoso rapidamente e são fáceis de cuidar quando cultivadas em vasos.

Direita: Limitar a escolha de plantas a uma ou duas variedades é a maneira mais simples de criar um visual audacioso e coerente. Repetições como esta também criam harmonia visual.

Acima: Usados em jardins campestres, penstêmons pedem vasos de aparência rústica; esta caixa de frutas curtida pelo tempo é ideal.

Direita: A cerâmica tem uma afinidade natural com plantas. As exibidas neste grupo informal, que inclui *Hosta* "Bressingham Blue", *H.* "June", confete (*Diascia*), lobélia (*Lobelia*) e *Heuchera*, complementam com perfeição os vasos tradicionais.

Penso que tudo depende do tamanho do vaso e das plantas: por exemplo, um arranjo misto baseado em espécies de aspecto delicado, como *Cuphea, Alyogyne* ou *Cussonia,* funciona bem se forem usadas várias plantas em um vaso grande, ou se o mesmo arranjo for repetido em local próximo. Não esqueça que, se um arranjo não funcionar, você pode mudar vasos e plantas de lugar no ano seguinte – e aí é que está a diversão!

Na hora de posicionar os vasos, coloque ao fundo os grandes, com árvores e arbustos. Posicione-os conforme a altura, com os menores à frente. Assegure-se de que é possível regar todos eles com facilidade.

Naturalmente, não é preciso limitar-se a cultivar plantas pequenas em vasos baixos; eleve o *status* de plantas menores cultivando-as em vasos colunares ou estreitos.

Relações

Decisões, decisões... O tamanho, a forma, a textura e a cor das plantas no vaso e sua relação com o próprio vaso precisam ser levados em conta.

Assim como vasos e plantas precisam ser proporcionais ao tamanho do espaço, as plantas devem ser proporcionais ao tamanho do vaso. Uma regra geral é que elas devem ser, no máximo, uma vez e meia ou duas vezes mais altas ou mais largas que o vaso.

No caso de arranjos mistos no mesmo vaso, a tradição exige um elemento central, com forma ou folhagem de impacto: experimente fórmio (*Phormium*), *Melianthus major, Abutilon* "Kentish Belle" ou topiaria em forma de "pirulito". Forrações arbustivas de aspecto leve vêm em seguida – *Osteospermum, Geranium, Asparagus densiflorus* e *Heuchera* –, muitas vezes com gramíneas ornamentais entrelaçadas para obter contraste. Forrações baixas como *Helichrysum,* violetas (*Viola*) e maria-sem-vergonha (*Impatiens*) vão na parte mais externa para que se derramem pelas bordas. Posicione as plantas na frente do vaso, na face a ser exposta.

Para obter efeitos audaciosos, escolha cores e recipientes brilhantes ou contrastantes. Para um resultado mais sutil, escolha formas descontraídas e cores e texturas naturais ou frias.

PLANTANDO VASOS PERMANENTES

Se deseja textura, forma e cor agradáveis o ano inteiro, é melhor optar por plantios permanentes. Vasos largos são os melhores para isso; evite os modelos em forma de ânfora ou com gargalos estreitos, pois, na hora de replantar, três ou quatro anos depois, será difícil retirar a planta sem sacrificar o vaso.

Regra geral: escolha um vaso de 7 cm a 9 cm maior que o torrão; do contrário, o substrato em excesso ficará inevitavelmente saturado de água e sufocará as raízes. Se for plantar mais de uma muda por vaso, deixe um espaço de 5 cm entre os torrões. O tamanho do vaso não é tão importante no caso de plantios temporários para primavera e verão.

1 É aconselhável usar um forro plástico (aqui, um saco velho de substrato), já que fica mais fácil retirar a planta na época de replantio. E, em vasos de cerâmica, isso impede que a argila absorva a água do composto.

Ao dispor o forro, tenha o cuidado de não bloquear os furos de drenagem na base. Antes de plantar, coloque uma camada de material de drenagem, como cascalho ou cacos de cerâmica. Em um vaso com 50 cm de altura, a camada de drenagem deve ter 5 cm de profundidade. No caso de sacadas, jardineiros preocupados com o peso dos vasos podem usar pedaços de isopor ou pedras de argila expandida (cinasita) para essa finalidade.

2 Use substrato à base de solo argiloso (ou, no caso de plantas que gostam de acidez, composto para ericáceas, como fiz neste caso), misture um fertilizante de liberação lenta e, para reduzir a necessidade de regas, gel retentor de umidade previamente umedecido, obedecendo às orientações da embalagem. Depois, encha o vaso até a metade e firme delicadamente.

3 Agora, a planta. Primeiro, mergulhe o torrão em um balde de água, remova o envoltório, raspe eventuais invasoras ou musgos e, com os dedos, libere delicadamente as raízes – isso as encorajará a crescer no novo lar.

4 Coloque a planta no centro do recipiente, ajustando-a até que o lado mais bonito fique na face a ser exposta. O topo do torrão deve estar aproximadamente 5 cm abaixo da borda. Se achar que a planta ficará muito enterrada, acrescente substrato por baixo para elevá-la.

5 Acrescente substrato ao redor do torrão até cobri-lo ligeiramente. Firme delicadamente com os dedos. Assegure-se de que o torrão esteja coberto por uma camada de 1 cm a 1,5 cm de substrato para que ele não seque. Acrescente mais substrato se necessário.

6 Regue bem e depois cubra com casca de árvore. Isso reterá umidade e ajudará a impedir a compactação do composto, o que tende a ocorrer com regas regulares. No caso de plantas que gostam de sol, use pedrisco.

Substrato e drenagem de vasos

A extração de turfa causa danos significativos a preciosos hábitats e ecossistemas naturais; tente, portanto, usar compostos sem turfa. No caso de plantios temporários, use um composto de uso geral, de boa qualidade, com base de casca de árvore ou fibra de coco.

Plantios permanentes de árvores, arbustos e perenes precisam de composto esterilizado à base de solo argiloso. Ele seca mais devagar e retém mais nutrientes do que os compostos sem solo. Também é mais pesado, por isso ideal para lugares expostos ao vento.

Plantas que gostam de acidez, como *Restio*, camélias e rododendros precisam de composto para ericáceas, livre de calcário.

No caso de sacadas e coberturas, quando o peso tem importância, use compostos de fibra de coco ou casca de árvore de alta qualidade, já que eles são mais leves, mais fáceis de mover e mais seguros também.

Nunca jogue fora substrato exaurido. Coloque-o na composteira ou espalhe em torno de plantas estabelecidas em canteiros e bordaduras para conter invasoras. Conheço muitos jardineiros que reciclam composto e o reutilizam; eu mesmo já fiz isso. Contudo, não incorpore mais de metade dele na nova mistura e, certamente, nunca use com o mesmo tipo de planta. Nunca reutilize se houver algum problema com pragas e doenças, e prepare-se para alimentar as plantas mais cedo do que de costume: todos os nutrientes já terão se exaurido.

Boa drenagem é essencial, porque plantas em vasos com excesso de água apodrecem ou ficam com as raízes sufocadas por falta de oxigênio.

Sempre coloque cascalho graúdo ou, melhor ainda, cacos de cerâmica no fundo do vaso para que os furos de drenagem não sejam bloqueados pelo solo. Como regra geral, a camada de drenagem deve ocupar cerca de um décimo da altura do vaso.

Em cestos pendentes ou instalados em paredes, a terra tende a ressecar rapidamente, portanto não é preciso usar material de drenagem nesses casos.

MANUTENÇÃO DE VASOS

Para evitar a proliferação de pragas e doenças, uma boa prática é esfregar o interior de todos os vasos com água morna e sabão antes de reutilizá-los.

Cerâmica	Sem necessidade de manutenção.
Cerâmica esmaltada	Lavar com água morna e sabão, usando esponjas ou panos não abrasivos.
Pedra natural ou reconstituída	Ver cerâmica (**acima**). Marcas de dedos são inevitáveis após o plantio. Se o vaso não for esmaltado, limpe as marcas com uma escova delicada ou papel abrasivo fino. Teste em uma área escondida primeiro, para ter certeza de que não danificará a superfície.
Terrazzo	Limpe com água morna e sabão, usando esponjas ou panos não abrasivos. Remova manchas e algas persistentes com uma solução fraca de vinagre.
Madeira	Normalmente é forrada para que não apodreça. Se não for, use um saco velho de composto (não cubra os furos de drenagem). Prolongue a vida dos vasos de madeira comum, vime trançado e aveleira com um preservativo de madeira que não prejudique as plantas. Limpe os recipientes de madeira nobre com água morna e sabão e, se for necessário, encere-os.
Fibra de vidro e plástico reforçado com vidro	Limpe com água morna e sabão. Evite produtos abrasivos.
Plástico	Limpe com água morna e sabão. Evite produtos abrasivos – é impossível consertar arranhões no plástico.
Metal	Lave com água morna e sabão. No aço inoxidável aplique limpa-vidros ou um produto adequado para polimento usando um pano macio – cera para carros ou óleo de bebê previne manchas de umidade. Para evitar ferrugem ao redor de buracos de drenagem novos, aplique tinta antiferrugem, tendo o cuidado de não bloqueá-los. Jardineiras de aço patinável dispensam cuidados e manutenção.

Ao lado, em cima: Uma das vantagens dos vasos é que você pode escolher o composto perfeito. Para plantas que gostam de acidez, como *Erica gracilis* e *Calluna vulgaris* "Alicia", use composto para ericáceas.

Ao lado, embaixo: Se não tiver cacos de cerâmica, a drenagem pode ser feita com cascalho. Em sacadas e coberturas, onde o peso é importante, use pedaços de isopor.

Direita: Recipientes de metal polido como estes precisam apenas de limpeza ocasional com um pano úmido para manter a boa aparência.

Cuidando de plantas em vasos

Plantas cultivadas em vasos dependem inteiramente de você, o cuidador; contudo, o trabalho necessário é pouco e o esforço vale a pena. Além dos fertilizantes (ver pp. 216-217), os seguintes elementos também são úteis.

Dispositivos para economizar água

Plantas em vasos sempre secam mais rápido do que plantas em solo aberto. Contudo, como a água é um bem precioso, qualquer ajuda para economizá-la é bem-vinda.

• Esponjas

No auge do verão, cestas e jardineiras de janela precisam ser molhadas uma ou mesmo duas vezes por dia. Para reter mais água no substrato, coloque na base uma esponja velha ou um prato, que atuará como reservatório.

Acima: A maneira mais fácil de minimizar as regas é escolher plantas tolerantes à seca, como a *Sempervivum*. Em um vaso como este, ela precisará de apenas uma rega semanal.

• Pratos

No caso de recipientes individuais, é interessante colocar um prato sob o vaso. A água que ele capta será reabsorvida pelo substrato à medida que este secar. Se não for possível encontrar pratos que combinem, há versões totalmente transparentes que não prejudicam a estética do conjunto. Pratos grandes de plástico não são bonitos, mas facilitam as regas e são úteis no caso de coleções de vasos pequenos.

• Cristais/géis retentores de água

Devem ser acrescentados ao substrato na hora de encher a cesta ou vaso. Em contato com a água, eles incham e a retém em maior quantidade, garantindo o suprimento das plantas. Importante: acrescente água aos cristais antes de misturá-los no substrato para que, ao inchar, eles não empurrem plantas e composto para fora do vaso.

• Estopa

Para resfriar vasos de cerâmica durante períodos secos e impedir que o composto seque muito rápido, envolva-os temporariamente (os vasos, não as plantas) com estopa e barbante. Ou então use lençóis ou toalhas velhas.

• Reservatórios para autoirrigação

Esses reservatórios são comuns em recipientes grandes de uso comercial e estão disponíveis para uso doméstico também. O sistema consiste, basicamente, em um tanque colocado no fundo do recipiente antes do plantio. A ponta do tubo de abastecimento deve ficar logo acima do substrato. Uma vez por semana, examina-se o flutuador que mede o nível da água e reabastece-se o tanque conforme a necessidade. Há alternativas que se baseiam em um conceito similar, mas usam um tapete especial e/ou um pavio para levar a água ao composto.

• Sistemas de irrigação automáticos

Quando ligados a uma torneira externa, esses sistemas fornecem água à planta por meio de uma série de gotejadores inseridos no substrato, levando-a até onde é necessária – as raízes. Eles podem ser automatizados, o que traz uma grande tranquilidade, especialmente quando você viaja. O lado ruim é que aquele monte de cano é feio; quando possível, oculte-os.

Acima: Os recipientes nesta pequena sacada contribuem para o layout estrutural e espacial do projeto inteiro. Vasos grandes como estes podem receber plantio permanente, que exigirá apenas a rotina de regas e adubação.

Replantio de plantas permanentes

Mesmo quando plantadas em caráter permanente, as plantas acabam por se exaurir e pedir por substrato novo. De modo geral, não é necessário replantar antes de três ou quatro anos, pelo menos; mas, se perceber uma massa de raízes surgindo na superfície do vaso ou se houver um número significativo delas saindo pelos furos de drenagem, é porque está na hora de replantar. Crescimento lento e raquítico ou folhas amareladas também são avisos. Escolha um vaso novo, com pelo menos 7 cm a 9 cm a mais de diâmetro, e replante exatamente como fez antes (ver p. 190).

Podando raízes de plantas permanentes

Como se faz no bonsai, é possível podar as raízes de plantas estabelecidas para não ser necessário arrumar um vaso maior a cada replantio. No caso de árvores, perenes ou arbustos fortes como o buxo (*Buxus*), você pode cortar até 30% todas as vezes que for transplantar para um substrato novo. Faça isso no início da primavera, quando o tempo melhorar.

Nem todas as espécies aceitam poda de raízes. Magnólias, peônias arbóreas (*Paeonia*) e as *Daphne*, por exemplo, não suportam ter as raízes perturbadas, por isso em geral não são recomendadas para o plantio em vasos. E quanto às outras? Como ter certeza? Se a planta fosse cara, rara ou exigisse cuidado muito especial, eu não tentaria. Quando as perenes ficarem muito apertadas, divida-as em touceiras menores, do tamanho de seu punho, e replante-as. Inevitavelmente, você terá mais plantas do que precisa, mas nunca jogue fora o excedente – troque ou dê de presente a amigos e vizinhos.

PLANTANDO EM OBJETOS RECICLADOS

Se quiser ser realmente criativo, verifique a possibilidade de usar objetos reciclados como vasos. Não há maneira mais rápida de dar personalidade e caráter a um jardim.

Desde que retenham a terra e possam ser drenados, recipientes como banheiras metálicas para bebê, caixas de vinho, latas de azeite bonitas e vários outros podem ser usados como vaso. Ao selecioná-los, leve em conta o estilo e o tema do jardim – afinal, você não vai querer que a frente de sua casa pareça um lixão ou ferro-velho!

1 Limpe o recipiente. Se for metálico, use uma escova de metal para tirar pontos de ferrugem do interior. Se for um recipiente realmente especial, trate-o com um produto antiferrugem para carros; não deixe de lavar depois, para que não fiquem resíduos. Se planeja pintar o exterior, lixe com lixa média de óxido de alumínio e limpe com um destilado incolor. Se a drenagem for insuficiente, escolha a broca do tamanho certo e faça alguns furos de 2 cm na base, deixando 8 cm a 10 cm de espaço entre eles.

2 Coloque uma camada generosa de pedrisco ou cacos de cerâmica no fundo. A profundidade depende do recipiente, mas uma boa medida é pelo menos um décimo da altura total.

3 Encha o recipiente com o substrato adequado (ver p. 192). Misture gelatina retentora de água (hidrogel), que atuará como reservatório para as raízes, antes de acrescentar fertilizante de liberação lenta, na proporção aconselhada na embalagem.

4 Regue as mudas e retire-as dos invólucros. Plante-as individualmente nos vasos, deixando cada torrão 2 cm abaixo da borda. Acrescente mais composto embaixo se for necessário e depois preencha o espaço entre as plantas, firmando delicadamente. Plantios de primavera e no verão, não tenha medo de incluir mais mudas do que o normal para obter um resultado mais vistoso. Esse "excesso" não durará muito...

Acima: "Vasos" de material reutilizado podem não durar tanto quanto os feitos para esse fim, mas são muito mais baratos e cheios de personalidade.

5 Regue bem depois de plantar e cubra com casca de árvore para reter a umidade. No caso de alpinas ou de *Sempervivum* use seixos, pedrisco ou cascalho como cobertura.

FATORES A CONSIDERAR

- **Tempo de vida** – Latas e caixotes de frutas não tratados não duram mais de dois ou três anos, mesmo que forrados com plástico. São melhores para arranjos temporários com aromáticas ou flores de primavera e verão.
- **Contaminantes** – Se for usar tambores de óleo ou tinas de adubo, verifique se estão livres de poluentes que possam contaminar o composto e as plantas. Isso é especialmente importante se você pretende cultivar frutas e hortaliças.
- **Peso** – Recipientes grandes devem ser plantados *in situ* (como de costume). Arrastá-los para o lugar definitivo pode arranhar o piso e machucar suas costas.
- **Drenagem** – Verifique se há furos na base do recipiente. Se não houver, será preciso fazer alguns antes de plantar.
- **Segurança** – Verifique se há bordas cortantes ou pregos e parafusos enferrujados; lixe-os ou remova-os cuidadosamente antes de plantar.
- **Materiais** – Recipientes enferrujados podem "sangrar" e manchar superfícies; já louças esmaltadas lascam com facilidade. Escolha o local adequado para esses tipos de vaso.
- **Tamanho** – Assegure-se de que os potenciais vasos são profundos o bastante para as plantas; latinhas podem ser bonitas, mas não deixam muito espaço para que as raízes se espalhem. No caso de tambores de óleo e outros recipientes grandes, coloque na base uma camada de pedaços de isopor com a altura de um terço do recipiente, ou então coloque um balde de ponta-cabeça para economizar composto.

ADMINISTRANDO O JARDIM URBANO

Neste livro falei um bocado sobre manutenção, especialmente sobre como minimizar o trabalho. Não é porque eu seja preguiçoso – tampouco o livro se destina a quem só dispõe de cinco minutos livres por mês. O fato é que, atualmente, a maioria das pessoas não tem tanto tempo para cuidar de seu jardim como antes.

Reconheço que nem todos querem praticar jardinagem diariamente – e não há vergonha nenhuma nisso. Além disso, se está apenas começando, por que se atirar de corpo e alma à tarefa? Dê tempo ao tempo: conheça o jardim e, aos poucos, aprenda a amá-lo. Sempre será possível fazer mais à medida que sua habilidade e entusiasmo crescerem.

Questões de manutenção

A manutenção é uma consideração importante por trás de cada decisão tomada: os materiais, o número de recipientes e as plantas que cultiva – tudo. Não faz sentido investir tempo e dinheiro em um jardim glorioso e depois vê-lo definhar ao longo dos anos porque você não foi realista no início.

Ter noção do que consegue e – mais importante – do que não consegue fazer é crucial no processo de planejamento (ver p. 16). A essência do jardim "sustentável" moderno também está em poder administrá-lo sem intervenções desnecessárias.

Recomendo uma postura despretensiosa: jardins exibidos em mostras de jardinagem são sem dúvida inspiradores e perfeitos para sugerir ideias inteligentes, mas é preciso vê-los como cenários altamente elaborados. A jardinagem de verdade não é tão perfeitinha.

Quanto trabalho?

Jardins com gramado, cercas vivas, frutíferas e hortaliças, repletos de vasos e jardineiras, dão trabalho – especialmente na primavera e no verão –, ao passo que arranjos minimalistas, com muitos elementos construtivos de paisagismo, não. Se não puder dispensar mais de uma hora por mês ao jardim, sua escolha deve recair sobre esta última opção. Por outro lado, esse tipo de jardim é mais caro: um muro é dez vezes mais caro que uma cerca viva, por exemplo. E, para quem realmente gosta de jardinagem, não haverá muito que fazer nesse tipo de projeto.

Para mim, é uma questão de encontrar algo intermediário – um jardim com coisas acontecendo, o bastante para exigir quatro ou cinco horas de cuidado por mês (ou mais, se assim quiser), mas não um lugar que me faça sentir sob pressão constantemente.

Ao lado: Arbustos (aqui, buxo, *Hebe* e *Hydrangea arborescens* "Annabelle", associados a *Hosta* "Hawaii" azul) oferecem confiabilidade inigualável e devem ser a base de um jardim de baixa manutenção. Observe as texturas contrastantes da folhagem nesta combinação.

Direita: Esta cobertura, com seu deque, mobília fácil de limpar e grandes recipientes com pinheiros (*Pinus*) e gramíneas resistentes à seca, não precisa mais do que uma varredura semana sim, semana não.

Acima: Forrações que cobrem o solo como a *Euonymus fortunei* "Minimus" não dão trabalho e ajudam a suprimir invasoras. Quando usadas em massa, como aqui, complementam a estética minimalista do jardim.

Gramados

A maneira mais fácil de cortar a manutenção pela metade é substituir completamente o gramado por um tapete de tomilho ou um miniprado (ver p. 137), por exemplo. Para gramados pequenos, um pouco de pavimentação adicional é uma solução possível, mas, em espaços maiores, escolha materiais como cascalho, seixos ou lajotas de cerâmica (ver p. 156). Eles são mais baratos, além de permitir que a água da chuva escoe naturalmente. No jardim da frente, substitutos permeáveis para o gramado são essenciais: superfícies sólidas contribuem significativamente para alagamentos localizados.

Seja qual for o material escolhido, considere cuidadosamente o tamanho do espaço, já que isso terá um grande impacto no projeto. Substituir um gramado pequeno por tomilho ou cascalho provavelmente não afetará muito a composição geral. Em escala maior, porém, seria uma grande mudança, e o melhor é lidar com isso durante a fase de planejamento, quando é possível reformular ou acrescentar outros elementos simultaneamente.

Seleção de plantas

Coleções de plantas diversificadas dão muito trabalho. Prefira arbustos, gramíneas ornamentais, coníferas pequenas, bulbos, perenes robustas como *Echinacea purpurea* e *Iris sibirica* e forrações que cubram o solo e suprimam invasoras.

Uma vez estabelecidas, nenhuma delas exigirá grandes esforços em termos de poda, suporte, adubação ou corte de flores velhas. Canteiros com plantas ornamentais temporárias e hortas, em particular, absorvem tempo considerável. Plante apenas alguns exemplares ou use vasos grandes, que precisam ser regados com menos frequência.

Sempre há alternativas mais resistentes: substitua *Crambe cordifolia* e esporinhas (*Delphinium*), que ficam pesadas em cima, por perenes que não precisam de suporte, como talictro (*Thalictrum*) ou *Macleaya*. Similarmente, encontre espaço para roseiras arbustivas (*Rosa*), geralmente imunes a pragas e doenças, em vez de roseiras com formato de moita, muitas das quais são vulneráveis e precisam de podas regulares.

Sempre escolha plantas vigorosas e saudáveis, com a parte aérea brilhante e regularmente distribuída; plantas fracas, com galhos finos e compridos ou que abriguem pragas sempre terão de lutar para sobreviver. As árvores não devem ter galhos quebrados nem arranhões visíveis no tronco. Os bulbos devem

Esquerda: Ao contrário de um gramado, um tapete de camomila (*Chamaemelum*) como este não precisa ser aparado, a menos que fique muito alto e fino. Pleno sol e boa drenagem são essenciais para que ele se mantenha uniforme.

Abaixo: Com seus arbustos e perenes perenifólias (*Euphorbia* x *pasteurii* "Roundway Titan", *Arbutus*, *Libertia grandiflora* e *Pittosporum tobira* 'Nanum'), este projeto é prova de que jardins de baixa manutenção podem ser incrivelmente bonitos.

Embaixo: Buxos (*Buxus*) podados constituem uma presença escultural majestosa em qualquer jardim; porém, uma quantidade maior que esta leva muito tempo para podar. Para ajudar a evitar a doença fúngica que costuma atacar o buxo, pode no início do verão, quando houver probabilidade de que o tempo fique seco durante uma semana, já que os esporos dos fungos prosperam em tempo úmido.

ser grossos e firmes. Ao comprar mudas em vasos, verifique se há uma boa quantidade de raízes finas no substrato fresco. As raízes de plantas sem torrão devem ser bem desenvolvidas e não podem estar podadas nem danificadas demais.

Outra causa comum de problemas posteriores são as deficiências na técnica de plantio, especialmente no que se refere a solo e condições climáticas inadequadas. Para aprimorar sua técnica, ver pp. 128, 132, 140, 190, 204 e 206.

Cercas vivas e topiaria

Podar topiaria leva tempo, mas depende da quantidade: podar uma planta é divertido; podar cinquenta é trabalhoso. Uma opção é comprar plantas com formas similares às desejadas – *Hebe* "Emerald Gem" e *Pinus mugo* "Mops" (um cultivar do pinheiro montanhês anão), que possuem formato globular, podem ser uma boa alternativa no lugar de buxos (*Buxus*) podados em forma de bola. Do mesmo modo, em vez de plantas podadas em cone, escolha arbustos colunares de formato regular como *Ilex crenata* "Fastigata".

Limite a altura de cercas vivas formais para cuidar delas com mais facilidade. Em um jardim com bastante espaço, considere a possibilidade de uma cerca viva informal (onde é visível a forma de cada planta); em geral, elas exigem apenas uma poda a cada dois ou três anos.

PLANTANDO JUNTO A PAREDES

Junto à parede da casa ou ao muro do jardim, o solo geralmente é seco e sombreado, o que os torna uns dos piores lugares para cultivar plantas. Em um canteiro amplo, sempre as coloque a 50 cm ou 60 cm de distância da parede, fora de sua sombra, onde o solo e as condições de cultivo são melhores. Em jardins com apenas uma faixa de solo ao lado da parede, é mais desafiador fazer as plantas prosperarem.

1 Remova todas as invasoras do canteiro. Acrescente um balde de substrato bem curtido por metro quadrado, escavando até uma profundidade equivalente ao comprimento de uma pá. Cuidado para não danificar fundações de concreto; se deparar com elas, escolha outro trecho, onde o solo seja mais profundo. Desmanche os torrões maiores, firme e nivele para obter um acabamento fino e friável. Se estiver plantando na primavera, acrescente fertilizante de liberação lenta.

2 Cave um buraco 5 cm mais largo que o invólucro da muda, mas apenas um pouco mais fundo – se for muito fundo, ela afundará quando o solo assentar. Depois, tateie cuidadosamente o fundo da cova com um garfo, verificando se não há obstruções que possam dificultar a drenagem – no início, plantas colocadas nessa posição precisam de mais água, e é preciso ter certeza de que elas não vão acabar "afogadas" em uma poça a 20 cm de profundidade sem você saber.

3 Se a muda estiver seca, mergulhe o vaso em um balde de água para molhar o torrão e deixe-o lá por cinco minutos. Ao mesmo tempo, encha a cova com água e espere até a total absorção. Isso ajudará a impedir que o solo circundante "chupe" água quando a planta mais precisa dela. Também será útil para comprovar que a água escoa facilmente.

4 Retire a muda do invólucro e posicione-a na cova. Alguns jardineiros preferem soltar um pouco das raízes antes de plantar, para ajudá-las a crescer no solo circundante. Não acho que seja preciso, a menos que, ao remover o vaso, você encontre uma massa de raízes com pouco substrato à vista.

Esquerda: Quando regado o suficiente, trepadeiras, gramíneas e perenes coloridas, como lírio-africano (*Agaphanthus africanus* "Albus"), devem crescer em uma parede como esta. No entanto, não coloque arbustos e árvores maiores por perto, porque podem danificar os alicerces e desestabilizar a parede.

ESPÉCIES ADEQUADAS PARA LUGARES SECOS E SOMBREADOS JUNTO A PAREDES

TREPADEIRAS E ARBUSTOS ESCANDENTES

- *Hedera helix* (hera) e cultivares
- *Hydrangea anomala* subsp. *Petiolaris* (hortênsia trepadeira)
- *Parthenocissus tricuspidata* (hera-japonesa)
- *Pileostegia viburnoides*
- *Schizophragma hydrangeoides*

ARBUSTOS E PERENES QUE SE ALASTRAM

- *Euonymus fortunei* "Emerald Gaiety"
- *Geranium* × *cantabrigiense* e cultivares
- *Polystichum aculeatum*
- *Polystichum setiferum*
- *Vinca difformis* (erva-da-inveja)

5 Com a muda no centro da cova, verifique outra vez a profundidade. O topo do torrão não deve ficar coberto por mais de 1 cm de solo. Preencha o espaço ao redor dele, firmando delicadamente com as mãos. Regue bem, depois acrescente uma cobertura de 7,5 cm a 10 cm de substrato bem curtido. Esteja preparado para regar a muda toda semana (ou todos os dias se o tempo estiver bem seco) durante mais ou menos seis meses.

Nota: Sempre que adicionar composto, verifique se o nível de terra em contato com a parede da casa não fica muito alto. Se o nível ficar muito próximo ou acima da camada de impermeabilização da casa, a umidade subirá pelas paredes e poderá haver infiltração do lado de dentro. A camada de impermeabilização é uma linha preta e fina, de ardósia ou plástico, que fica perto da base da casa e impede que a umidade suba. Mantenha o solo pelo menos 15 cm abaixo dela. Em casas mais antigas que não possuam essa camada, mantenha o solo bem abaixo de quaisquer bolsões de ar na parede. Consulte um engenheiro se precisar de orientação.

PLANTANDO SOB ÁRVORES ADULTAS

Plantas crescendo ao pé de árvores competem por luz e umidade; quanto mais perto do tronco, mais sérios os problemas. Árvores grandes de copa baixa os tornam ainda piores. Infelizmente, nada cresce junto a árvores perenifólias, especialmente grandes coníferas.

Contudo, na borda de uma copa elevada, com luz filtrada e solo fértil e profundo, há muitas espécies que podem prosperar, inclusive alguns arbustos estruturais de bom tamanho como buxo (*Buxus*), teixo (*Taxus*), folhado (*Viburnum tinus*) e *Mahonia aquifolium*. Perto do tronco, onde as condições se tornam piores e as raízes das árvores mais grossas, as escolhas são limitadas. Nesse caso, prefira perenifólias resistentes como hera (*Hedera*) ou perenes oriundas de ambientes florestais como convalária (*Convallaria*), *Epimedium* e *Chionodoxa*. Elas florescem na primavera, antes que a copa vizinha fique cheia, e desaparecem em seguida, para ressurgir na primavera seguinte.

1 A 30 cm do tronco, procure possíveis bolsões de plantio entre as raízes; revolva ligeiramente o solo, usando um garfo ou uma colher e acrescentando punhados de substrato ou esterco bem curtido. Evite cavar muito fundo, já que é fácil danificar as raízes. Uma aplicação de um fertilizante de uso geral, como farinha de sangue, peixe e osso, ajuda as plantas a se estabelecer.

2 Faça uma cova com o dobro do tamanho do torrão, mas não muito mais fundo. Sempre escolha mudas saudáveis, que têm mais chances de tolerar essas condições. Mergulhe o torrão em um balde de água. Encha a cova com água e espere que escoe; faça isso duas vezes se o solo for realmente seco.

3 Depois de desembaraçar delicadamente as raízes do torrão, posicione a planta – aqui uma *Liriope muscari* – no centro da cova, de modo que o torrão fique logo abaixo da borda. Preencha com o solo que escavou para fazer a cova e firme delicadamente. Plantas pequenas se estabelecem mais rapidamente do que as maiores e também são preferíveis já que exigem covas menores, diminuindo a possibilidade de danos às raízes da árvore. E, é claro, elas também são mais baratas – o que torna eventuais prejuízos menos dolorosos.

ESPÉCIES PARA SOMBREAMENTO INTENSO JUNTO AO TRONCO OU SOB UMA COPA BAIXA

- *Brunnera macrophylla* "Jack Frost"
- *Cyclamen hederifolium*
- *Dryopteris filix-mas*
- *Epimedium* × *perralchicum* e outras variedades perenifólias, como *E. alpinum*, *E.* × *rubrum*
- *Euphorbia amygdaloides* var. *robbiae*
- *Galium odoratum*
- *Geranium phaeum* e cultivares
- *Iris foetidissima*
- *Ruscus aculeatus* (ruscus)
- *Vinca minor* (pervinca) e cultivares

ESPÉCIES PARA A SOMBRA DE COPAS ALTAS OU PARA A BORDA DA COPA

- *Aquilegia atrata*
- *Buxus sempervirens* (buxo comum)
- *Digitalis ferruginea*
- *Dryopteris filix-mas*
- *Erythronium* 'Pagoda' e outras variedades
- *Polemonium caeruleum* e cultivares
- *Polygonatum odoratum*
- *Pulmonaria saccharata* e cultivares
- *Skimmia laureola*
- *Tellima grandiflora* e cultivares

4 Após plantar a muda, regue-a bem e acrescente ao redor uma boa camada de composto bem curtido, casca de árvore ou, melhor ainda, húmus; uma camada de 7,5 cm a 10 cm é o ideal.

5 É essencial regar regularmente por um ano após o plantio. Além disso, a cada seis meses coloque mais composto – isso condiciona e melhora o solo ao longo do tempo. Mantenha na área plantada a folhagem que cair no outono.

Irrigação inteligente

A falta de água é a razão mais comum para a morte de mudas e o mau desempenho das plantas de modo geral. Canteiros temporários com plantas de ciclo curto, plantas transplantadas recentemente, plantas que acabaram de germinar, além de hortaliças e frutas, são particularmente sensíveis à falta de água, em especial se cultivadas em vasos ou cestos. Concentre-se neles: molhe as plantas novas e transplantadas regularmente durante os seis primeiros meses. Esteja preparado para regar bem em períodos secos durante até um ano.

Ao plantar, faça um montículo de solo em torno de cada planta, firmando com as mãos, para criar uma "barricada" de terra. Ela impedirá que a água escorra sem ser absorvida. No caso de árvores, a barreira pode ter de 10 cm a 13 cm de altura e um diâmetro de 1 m; para arbustos e perenes, use menos da metade dessas medidas.

No caso de árvores e arbustos de grande porte, os jardineiros profissionais instalam um tubo de drenagem flexível por cima das raízes na hora do plantio, deixando a ponta acima do solo. É só despejar água no tubo e ela chega rapidamente às raízes. Quando as plantas estiverem bem estabelecidas, provavelmente você nunca terá de regá-las outra vez.

Ao planejar um esquema de plantio tenha em mente a quantidade de água de que cada planta pode precisar. Por exemplo, plantas com folhas prateadas, semelhantes a agulhas, pilosas, suculentas ou cerosas como giesta (*Genista*), alfazema (*Lavandula*) e *Cistus* adaptaram-se para sobreviver com pouca água.

A maneira certa de regar

Direcione a água para as raízes, onde ela é necessária. Uma rega generosa por semana é o melhor, pois encoraja as plantas a se enraizarem, buscando água em maior profundidade. Sempre verifique se regou o suficiente enfiando os dedos no solo, até as raízes. O solo pode estar molhado na superfície e seco abaixo.

Direita: Esta jardineira que capta água da chuva é uma maneira engenhosa e criativa de reciclar água. As espécies (*Iris* "Flight of Butterflies", *I. versicolor* e *Euphorbia palustris*) foram escolhidas porque não se incomodam com tanta umidade.

Os sistemas de irrigação economizam água e são fáceis de usar. Tubos perfurados e gotejadores de inserir na terra (ótimos para vasos) são as opções mais simples e podem ser automatizados (alguns a partir de um reservatório). Verifique a bateria e inspecione o sistema regularmente para ver se há obstruções. Especialistas em irrigação podem instalar sistemas profissionais, que são excelentes para coberturas grandes, mas desnecessários em outros lugares se você tiver escolhido plantas adequadas ao solo e ao microclima (ver p. 105).

Idealmente, você deve regar quando o sol estiver mais baixo, em geral de manhã ou no fim do dia. Nunca regue ao meio-dia com sol forte, a menos que as plantas estejam muito murchas e os brotos estejam quase no chão; nessa hora, água sobre as folhas só aumenta a intensidade dos raios solares e pode até cozinhar a folhagem nova.

Não desperdice água borrifando folhas, a menos que viva em uma área poluída e precise remover a poeira. Portanto, esqueça o aspersor, ou então direcione seu jato cuidadosamente. Coloque um jarro sob o jato para monitorar

Abaixo: Instalar um reservatório é a maneira mais fácil de reciclar água. Aqui, um tambor de plástico reciclado funciona, mas, se a aparência tiver de ser levada em conta, escolha velhos barris de carvalho – apenas se prepare para pagar mais.

Acima: No jardim de uma cidade litorânea, este conjunto de plantas, que inclui santolina (*Santolina chamaecyparissus*), *Hebe albicans*, *Stachys byzantina*, *Eryngium bourgatii* e *Nepeta* × *faassenii*, não apenas será tolerante ao vento e à maresia, como não precisará de regas depois de estabelecido.

a quantidade de água que está usando e mude o aspersor de lugar regularmente. Não o utilize no gramado a menos que seja necessário – deixar a grama crescer em períodos quentes ajuda a torná-la mais resistente à seca.

Economizando água

Com as condições climáticas cada vez mais instáveis, a administração e a conservação da água encontram-se no cerne da jardinagem sustentável moderna.

Portanto, você deve captar água da chuva (conhecida como água azul) desviando as calhas para um ou dois reservatórios de água. Se o aspecto estético for importante ou se não for possível esconder o reservatório com plantas, dê preferência a barris de carvalho antigos. Se estiver remodelando todo o jardim, considere a possibilidade de usar reservatórios subterrâneos, que podem ser instalados antes de colocada a pavimentação ou o gramado.

É possível reciclar a água de banheiros e chuveiros (chamada água cinza ou água residual leve), contanto que use detergentes ecológicos. Contudo, a menos que instale um filtro especializado no tratamento de água cinza, ela não se conserva bem e não pode ser armazenada por longos períodos.

Esterco e composto orgânicos absorvem água como uma esponja, o que é útil em solos bem drenados, que em geral têm uma proporção elevada de areia ou sedimentos. Incorpore o máximo possível de matéria orgânica bem curtida antes de criar um novo canteiro, e depois aplique uma camada generosa de cobertura morta ao redor das plantas já estabelecidas.

Locais saturados de água

Alagamentos causados pela água que escorre de superfícies sólidas sem ser absorvida são cada vez mais comuns em áreas urbanas. As plantas sofrem em solo saturado porque a água preenche os bolsões de ar, impedindo a respiração das raízes e de organismos benéficos que vivem na terra. Nos casos mais graves, a água empoça em caráter permanente na superfície do solo. Com isso, as folhas amarelecem e murcham; as raízes ficam negras e viscosas e o solo pode assumir uma coloração cinzenta e manchada, com cheiro de ovo podre.

Portanto, mantenha-se longe de terra saturada; o pisoteio arruína sua estrutura e causa compactação. Se precisar andar nela, use pranchas que distribuam seu peso. Depois que o solo secar, incorpore muito composto. Em seguida, aplique cobertura morta regularmente para proteger sua estrutura e melhorar a drenagem e a aeração. Em solos saturados por longos períodos, sistemas de drenagem instalados por profissionais ajudam, apesar de, em geral, precisarem de um local para receber a água drenada, como uma vala ou um baixio, a menos que a autoridade local permita que ela seja depositada em drenos públicos.

Canteiros elevados também ajudam, mas, se seu solo está sempre molhado e só piora após uma chuva forte, talvez seja mais fácil simplesmente escolher plantas adequadas para ele. Muitas espécies, inclusive algumas bem bonitas, como o ruibarbo (*Rheum*) e a *Rodgersia,* prosperam em terreno pantanoso.

Gramados saturados de água não devem ser aparados antes de secar. Para melhorar a drenagem da superfície, enfie um forcado a 10 cm de profundidade a cada 20 cm de gramado e preencha os furos com areia para gramados. Em gramados maiores, use um aerador com rodas ou motorizado.

Para que a água escoe naturalmente, o caimento dos pisos impermeáveis deve direcionar-se para os canteiros ou o gramado. Uma opção é substituir esses pisos por materiais permeáveis ou porosos, como pedrisco ou cascalho, que permitem a drenagem da água e ajudam a impedir alagamentos.

Esquerda, em cima: Para tornar transitável um jardim com solo muito molhado, uma solução é construir acima dele, com deques elevados como este. Essa é uma opção de baixo impacto e não invasiva (logo, comparativamente barata), que não precisa de fundações muito resistentes para a estrutura de sustentação.

Esquerda: Se a água empoçar na superfície, perfurar a terra ajuda a aerar o gramado e diminuir a compactação. Faça isso com um forcado a cada estação. Em solos argilosos densos, propensos à saturação, a cada três ou quatro anos use também um aerador de pinos ocos, que retira porções maiores. Depois, insira nos buracos uma mistura de três partes de solo fértil, seis partes de areia para horticultura e uma parte de composto para jardins (ou um composto à base de casca de coco, se não tiver composto de jardim disponível). Isso também impedirá o aparecimento de musgo.

Composto para jardim

Todo jardineiro urbano deveria ter uma composteira. Isso significa diminuir a quantidade de lixo doméstico e, ao mesmo tempo, economizar o composto que compra ensacado. Além disso, por escolher os ingredientes, você sabe exatamente o que há em sua mistura.

Lesmas, centopeias, tatuzinhos, besouros e aranhas são parte essencial do processo de compostagem. Tudo bem se houver algumas moscas de frutas, mas um enxame delas pode significar que a composteira está molhada demais. Acrescente material mais seco (como restos de poda e papelão picado) para restaurar o equilíbrio. Formigas são inofensivas, mas podem significar que a composteira está muito seca. A presença de minhocas é uma boa notícia: mostra que tudo está funcionando adequadamente!

Os ratos são atraídos para a composteira por duas razões – abrigo e alimento –, mas não permita que o façam desistir da compostagem. Esses roedores raramente são um problema; basta manter a composteira úmida (não molhada), revolvê-la regularmente e enterrar os restos de alimentos no meio dela, tendo o cuidado de não incluir restos de laticínios e de carne. Uma composteira coberta também oferece mais proteção, e uma tela forte soldada evitará que escavem por baixo. O melhor é que fique a certa distância da casa, mas não tão longe que não seja usada regularmente.

Coisas que se pode colocar em uma composteira

- Restos de podas (sem doenças)
- Cascas de hortaliças
- Fruta
- Saquinhos de chá
- Pó de café
- Grama aparada (não em grandes pedaços)
- Plantas de ciclo curto esgotadas
- Cabelo
- Jornal rasgado, caixas de cereais e de ovos
- Papelão
- Casca de ovo
- Palha de gaiolas de coelhos
- Cinza de madeira (com moderação)
- Folhas (com moderação)

Ao lado: Plantar frutas e vegetais e fazer seu próprio composto andam de mãos dadas; um alimenta o outro.

COBERTURA MORTA MÁGICA

A cobertura morta é um material maravilhoso. Ajuda a conservar a umidade, mantém fresca a temperatura do solo, isola solos argilosos mais frios, reduz a compactação, minimiza a erosão e suprime invasoras. Coberturas orgânicas biodegradáveis, como composto de jardim, esterco animal, palha e húmus, também restauram os níveis de fertilidade do solo e ajudam a manter a estrutura do solo em boas condições.

Antes de aplicar a cobertura, sempre arranque as invasoras, depois regue bem ou espere por uma chuva forte, porque é essencial colocá-la sobre solo úmido. Espalhe uma camada grossa – de 7,5 cm a 10 cm é o bastante. Não cubra as folhas das plantas nem deixe a cobertura em contato com os caules, já que isso causa apodrecimento; deixe um espaço de 3 cm a 5 cm ao redor da base de cada planta livre de cobertura. Aplique na primavera, quando estiver esquentando, e reaplique outra vez no outono.

Itens a evitar em uma pilha de composto

- Plantas vítimas de doenças como a podridão branca das cebolas, a requeima das batatas ou a hérnia das crucíferas
- Raízes de invasoras perenes
- Envoltórios e rótulos de plástico
- Revistas de papel acetinado
- Comida cozida
- Carne crua
- Laticínios
- Peixe
- Fraldas
- Ossos
- Fezes de cães e gatos
- Carvão ou cinza de coque

COMPOSTAGEM BOKASHI

Você pode fazer compostagem em pequena escala embaixo da pia, usando um recipiente para bokashi. Encha-o com restos de cozinha dispostos em camadas, juntamente com o farelo especial, cheio de microrganismos, que decompõem tudo em 10 a 14 dias. Depois, enterre-o na composteira para se decompor mais ou enterre-o em canteiros e bordaduras. Ao contrário dos sistemas convencionais, o bokashi permite compostar carne e laticínios.

PRODUZINDO COMPOSTO

Comece com uma composteira básica. Lojas de jardinagem e bricolagem têm uma ampla variedade e certamente não será preciso gastar uma fortuna. Para jardins maiores, improvise uma composteira com paletes velhos amarrados com arame.

Coloque a composteira em um local ensolarado, discretamente camuflada, mas não muito distante, senão você não irá usá-la. Em um jardim pequeno, no qual a composteira fica evidente, prefira um modelo de madeira ou uma que tenha forma atraente. De preferência, coloque a composteira diretamente no solo, em vez de no concreto, para drenar.

1 Acrescente ingredientes à composteira à medida que surjam. Tenha em vista uma proporção de dois terços de material verde (restos de grama, frutas, etc.; ver p. 213) para um terço de material seco (caules secos, caixas de ovos, jornal picado). Tal proporção impede que a mistura fique úmida ou seca demais.

2 Os pedaços não devem ser grandes, senão levarão muito tempo para se decompor. Pique os caules velhos com uma tesoura de poda antes de acrescentá-los.

3 Para que a pilha de restos não fique molhada e malcheirosa, não acrescente muito material verde, como aparas de grama, de uma vez só. Tente alternar uma camada de 5 cm a 7,5 cm de material seco a cada camada de 7,5 cm a 10 cm de material verde, porque o material seco ajuda o ar a circular e, assim, acelera o processo de compostagem.

4 Apesar de ser possível, de modo geral, deixar a composteira em paz e permitir que a natureza siga seu caminho, é possível acelerar a decomposição revolvendo o conteúdo a cada duas semanas com um forcado, para introduzir ar. Isso cria um ambiente mais ativo, onde tudo se decompõe mais rapidamente. Se não revolver a pilha, ainda assim vai funcionar, mas o material levará mais tempo para se decompor, às vezes até 6-7 meses.

5 O composto está "pronto" quando fica parecido com terra marrom escura e não tem cheiro forte. Provavelmente não terá a aparência do composto comprado em sacos, pois será grudento e cheio de torrões e cascas de ovo, mas tudo bem; ele é utilizável. Inevitavelmente, os caules grossos não terão apodrecido; retire-os e coloque-os de volta na composteira para que se decomponham mais.

COMO PRODUZIR HÚMUS

Ensaque folhas de árvores decíduas como tília (*Tilia*), carvalho (*Quercus*) e plátano híbrido (*Platanus* × *hispanica*). Depois, se estiverem secas, regue bem (isso ajuda no processo de compostagem), faça alguns furos nas laterais do saco para possibilitar a aeração, amarre a boca e deixe o saco em um lugar abrigado, longe da vista. Entre 10-12 meses, ele estará pronto para ser espalhado sobre o solo do jardim.

Evite coníferas ou perenifólias como o azevinho (*Ilex*), que levam uma eternidade para se decompor. Em vez disso, aproveite-os na composteira. Se não tiver uma árvore no jardim, recolha as folhas de ruas pouco movimentadas.

Esquerda: Fertilizantes orgânicos liberam nutrientes mais lentamente do que os inorgânicos (minerais), sejam estes compostos ou simples, como o sulfato de potássio. Além disso, os níveis nutricionais dos orgânicos são mais baixos, o que significa que, com eles, há menos risco de aplicar em excesso e danificar as plantas.

Adubação

Composto de jardim e esterco animal compostado possuem baixas quantidades de nutrientes, mas são excelentes para o solo. Para a maioria das plantas, basta incorporá-los ao solo antes do plantio e depois manter os níveis de fertilidade aplicando cobertura morta na primavera e no outono.

Não uso fertilizantes avulsos (tendo apenas nitrogênio ou fósforo ou potássio) em canteiros estabelecidos há mais de vinte anos – plantas que estão crescendo vigorosamente não precisam deles. No caso de hortas intensivas e plantas que exibam sinais de desnutrição, porém, é necessário acrescentar suplementos. Por sua vez, plantas em vasos, inclusive as de interiores, orquídeas e cítricos, precisam de adubação constante.

VISÃO RÁPIDA DOS NUTRIENTES

MACRONUTRIENTES

- O nitrogênio (N) deixa as plantas verdes e ajuda no crescimento dos brotos.
- O fósforo (P) contribui para o crescimento das raízes.
- O potássio (K) aumenta o tamanho e a qualidade de flores e frutos, além de aumentar a resistência a geadas.

MICRONUTRIENTES

- Ferro (Fe), zinco (Zn), boro (B), manganês (Mn), molibdênio (Mo) e cobre (Cu) constituem os micronutrientes ou "elementos vestigiais". As plantas não precisam deles em quantidades muito elevadas, mas, ainda assim, eles são vitais para um crescimento sadio.

Qual fertilizante?

Geralmente, fertilizantes com alto teor de nitrogênio estimulam o crescimento das folhas, ao passo que os ricos em potássio contribuem para a obtenção de flores e frutos maiores. Cada pacote ou vidro de fertilizante traz orientações de uso. Não aplique fertilizantes ricos em nitrogênio no final do verão, já que isso resultará em crescimento abundante e fraco, que poderá morrer em um frio extremo.

Para quase tudo, de vasos a hortaliças, fertilizantes de uso geral são os mais simples de aplicar. Eles não apenas contêm todos os macronutrientes, mas também alguns dos micronutrientes (ver boxe p. 217). Se quiser praticar a jardinagem orgânica, dê preferência a farinha de algas ou esterco de galinha em grão. Gosto de usar farinha de sangue, peixe e osso como base, para incentivar mudas recém-plantadas, mas esse tipo de fertilizante contém pouco potássio.

Ao lado: Uma composteira em pleno funcionamento fornece toda a nutrição necessária para plantas estabelecidas. Além disso, fertilizantes orgânicos são bons para a drenagem, a retenção de nutrientes e a estrutura do solo.

FERTILIZANTE DE LIBERAÇÃO LENTA, CONTROLADA OU RÁPIDA?

Os fertilizantes são oferecidos em várias formas – as mais comuns são líquido, grânulos e pó. Leia as instruções com cuidado; é fácil causar mais mal do que bem.

- **Fertilizantes de liberação lenta** como farinha de sangue, peixe e osso alimentam as plantas gradualmente por 2-4 meses, dependendo do tipo de solo, da temperatura e da quantidade de chuvas.
- **Fertilizantes de liberação controlada** fornecem nutrientes ao longo de um período especificado (geralmente seis meses) e são úteis para vasos, só que mais caros do que os de liberação lenta.
- **Fertilizantes de liberação rápida** (também conhecidos como fertilizantes de ação rápida) fornecem nutrientes com rapidez e geralmente vêm em forma líquida. São mais úteis para hortaliças em recipientes ou canteiros de verão. Não exagere, porém, já que isso causa crescimento longo e ralo, aumentando a propensão a pragas e doenças.

QUANDO ADUBAR

Plantas temporárias em vasos Os nutrientes de um composto básico para vasos duram apenas seis semanas, aproximadamente; depois disso, regue com fertilizante de liberação rápida a cada duas semanas. Ou, então, durante o plantio incorpore ao composto um fertilizante de liberação controlada.

Plantas permanentes em vasos Use fertilizante de liberação controlada na primavera; ou, então, aplique fertilizante de liberação lenta na primavera e no início do verão.

Hortas Aplique cobertura morta regularmente (ver p. 213) e incorpore composto de jardim ou esterco a cada inverno, sobretudo depois de cultivar batatas e antes de plantar feijões. Para repor os nutrientes usados pelas culturas de primavera, espalhe por cima fertilizante geral de liberação lenta no início do verão.

Soluções para problemas nos jardins urbanos

Nenhum jardim está imune a espécies invasoras e algumas pragas e doenças, mas, com vigilância, é possível manter essas ameaças sob controle. Controles orgânicos como a aplicação de cobertura morta (ver p. 213) devem ser a primeira opção. Herbicidas e pesticidas podem ter bons resultados, mas aconselho cautela em seu uso; considere-os apenas como um último recurso.

Controlando invasoras

A regra de ouro no tratamento das invasoras é: seja rápido e fulminante!

• Invasoras anuais

Morrião-dos-passarinhos (*Stellaria media*) e tasneirinha (*Senecio vulgaris*) são invasoras anuais típicas da Europa; são prolíferas e têm raízes rasas, mas não duram muito. O controle é fácil: corte-as no nível do solo com uma enxada afiada em um dia seco, antes que produzam sementes. Outra opção é usar um maçarico ou mesmo água fervente, tendo o cuidado de manter essas fontes de calor longe de suas preciosas plantas. Ambas as técnicas funcionam muito bem com invasoras de caminhos ou de pavimentação permeável.

• Invasoras perenes

Possuem raízes longas e agressivas ou bulbos/cormos subterrâneos. É preciso remover todas as raízes; retire-as com um garfo ou use o maçarico. Capinar não é uma boa maneira de eliminar invasoras perenes, mas serve para enfraquecê-las.

No caso de uma infestação grande e estabelecida de perenes como cavalinhas (*Equisetum sp.*) e *Elymus repens*, o método preferido pelos que defendem uma prática orgânica é cortar as invasoras no nível do solo e depois cobrir a área infestada com plástico preto grosso, fixado por pesos. Isso realmente as mata depois de algum tempo. Para um caso grave, pode-se usar um herbicida sistêmico, que circula pela planta e mata as raízes. Contudo, tenha cuidado ao usar o herbicida na proximidade de crianças, animais de estimação e peixes. Nunca tente controlar invasoras perenes com uma cultivadora agrícola; se fizer isso, elas se espalharão e se multiplicarão! Não jogue as raízes delas na composteira – queime-as ou deixe-as mergulhadas em um balde com água de quatro a seis semanas.

É mais difícil erradicar perenes quando elas crescem entre outras plantas. Nos casos mais graves, retire as plantas que deseja conservar, ao mesmo tempo em que vai soltando da terra as raízes das invasoras; depois de retirar suas plantas, elimine as invasoras que ficaram para trás. Replante canteiros e bordaduras apenas depois de estarem completamente livres de invasoras; isso pode levar mais ou menos quatro meses.

Para impedir que as invasoras perenes do vizinho colonizem seu terreno, invista em uma barreira de proteção vertical contra rizomas de bambu. Feitas de plástico grosso, essas barreiras devem ser instaladas ao longo da cerca, a uma profundidade de pelo menos 45 cm.

Quando seu jardim estiver livre de invasoras, use cobertura morta para impedir que retornem (ver p. 213).

FALLOPIA JAPONICA

Encontrada no Hemisfério Norte, é identificável pelas folhas verde-claras, em forma de coração, pelos caules altos, semelhantes a bambu, e pelos cachos de flores de um branco leitoso que surgem no verão, a *Fallopia japonica* é tristemente famosa em ambientes urbanos. É um inferno livrar-se dela. Cavar não é recomendado, já que isso parte as raízes e espalha ainda mais o problema. Contudo, é possível tratar infestações menores com um herbicida que contenha glifosato, aplicando na primavera, quando os brotos estão apenas na altura da cintura. Prepare-se para repetir o tratamento por 3-4 anos. Queime sempre – nunca composte – as raízes e os caules, e nunca os misture com o resto do lixo doméstico. No caso de grandes infestações, chame profissionais experientes.

PRAGAS PERENES

Podagrária
(*Aegopodium podograria*)

A *A. podagraria* pode ser identificada pelas umbelas brancas que exibe no final da primavera. Esta perene, que forma tapetes, se alastra por rizomas. Cavar fundo – e repetir a medida 3-4 semanas depois – faz maravilhas para sua remoção. (Pense cuidadosamente antes de combatê-la com herbicidas sistêmicos que contenham glifosato.)

Bons-dias, campainha-branca
(*Calystegia sepium*)

Esta trepadeira volúvel, com folhas grandes, em forma de coração, e flores brancas em forma de trombeta, espalha-se por rizomas. Em torno de plantas desenvolvidas, arrancar manualmente é a melhor maneira de erradicá-la. Em áreas onde não houver nenhuma planta preciosa, é possível usar um herbicida à base de glifosato. Nunca deixe a planta produzir sementes.

Grama-francesa
(*Elymus repens*)

Praga notória, propaga-se por meio de rizomas brancos. Cavar regularmente ajuda a controlar bolsões isolados, mas, no caso de grandes infestações, pode ser necessário aplicar um herbicida à base de glifosato. Não pode ser controlada em gramados; neste caso, o único jeito é cavar (puxando as raízes) ou aplicar herbicida na área toda e, depois, revolver a terra e semear de novo.

Cavalinha
(*Equisetum arvense*)

O verão é o ponto alto para esta perene agressiva, que tem raízes profundas (até 2,1 m) e brotos eretos, lembrando um pinheirinho. Evite tentar erradicá-la escavando superficialmente porque isso apenas espalha o problema. Aplicações repetidas de herbicida à base de glifosato podem ser necessárias. Antes, esmague de leve os caules para que o herbicida possa penetrar com eficácia.

Azeda
(*Rumex* sp.)

Como os dentes-de-leão (*Taraxacum officinale*), possui uma longa raiz pivotante que precisa ser removida. Desenterre-a com uma pá fina ou com um instrumento especial para arrancar dentes-de-leão. Neste caso, herbicidas não são necessários.

Amora-preta
(*Rubus fruticosus*)

Como a amora-preta é difícil de erradicar depois de estabelecida, retire os brotos tão logo apareçam, para economizar trabalho depois. No caso de uma infestação, corte-os e queime-os antes de remover as raízes manualmente (será preciso cavar bastante). Ou, então, use um herbicida forte, à base de triclopir ou glifosato; muitas vezes são necessárias repetidas aplicações.

Urtiga
(*Urtica dioica*)

As urtigas são relativamente fáceis de controlar. É simples, retire-as com um forcado, já que suas douradas raízes não se aprofundam muito. Não se esqueça de usar luvas!

Alho selvagem
(*Allium ursinum*)

As umbelas brancas, que surgem na primavera, chegam a 50 cm de altura. No ambiente certo, é uma planta bonita, mas em outras situações pode ser um transtorno. Espalha-se por meio de bulbos, que podem ser desenterrados – peneire o solo para assegurar-se de recolher todos. Nunca coloque os bulbos na composteira e não escave no outono, para não espalhar os bulbos dormentes.

Acima: Armadilhas com conchas esmagadas, cabelo, farelo e cinza de madeira em torno de plantas suscetíveis podem funcionar como armadilhas e barreiras para lesmas e caracóis, ainda que seja necessário um pouco de tentativa e erro. Não é preciso usar iscas contendo metaldeído, que é tóxico para outros animais.

Acima: Aves adoram frutinhas sem caroços como groselhas vermelhas e brancas e especialmente morangos. Redes suspensas acima das culturas suscetíveis (não simplesmente jogadas sobre elas) impedirão que os pássaros as devastem.

Identificando pragas e doenças

Pragas e doenças são inevitáveis, especialmente se cultivar muitas frutas e hortaliças, que não têm resistência natural contra inimigos.

Para obter informações e ajuda na identificação de pragas e doenças no jardim, recomendo *RHS Pests and Diseases*, de Pippa Greenwood e Andrew Halstead. Todo jardineiro deveria ter um exemplar desse livro.

Tratando pragas e doenças

Se descobrir que realmente tem um problema com uma praga ou doença, em vez de recorrer de imediato a controles sintéticos, tente lidar com ela usando controles biológicos naturais ou alternativos, como pesticidas à base de ácidos graxos ou óleo de peixe. De qualquer modo, para a maioria dos jardineiros de hoje, pesticidas e fungicidas são usados como último recurso; a prevenção é sempre melhor do que a cura.

Aja rapidamente para impedir que o problema cresça. Remover os sinais do ataque – retirar uma ou outra folha infectada, por exemplo – pode ser o bastante.

Precauções contra ataques

Plantas felizes são plantas saudáveis, menos suscetíveis a ataques; portanto, não permita que o solo em torno delas resseque nem deixe de alimentá-las. Limpe criteriosamente sementeiras, vasos e equipamentos de poda, use composto estéril e jogue fora o material infectado. Atraia predadores benéficos: amontoados de folhas são um bom abrigo para predadores de lesmas, como cobras-de-vidro e porcos-espinhos. Comedouros atraem pássaros, que também gostam de lagartas, pulgões e caracóis.

Problemas com lesmas? Casca de ovo esmagada ou areia áspera espalhadas ao redor das plantas podem funcionar.

Barreiras simples fazem maravilhas na proteção contra pragas e doenças. Coberturas protetoras estendidas frouxamente sobre cenouras, repolhos, morangos e frutas macias são particularmente eficazes contra as pragas que as atacam. Remova quando as plantas estiverem florindo.

Certas plantas têm a reputação de ser grandes companheiras quando ao lado de outras culturas. Algumas fornecem nutrientes, enquanto outras atraem predadores naturais ou repelem pragas e doenças. O endro (*Anethum*) e o funcho (*Foeniculum*), por exemplo, atraem sirfídeos (vespas), que se alimentam de pulgões.

Ao lado, em cima à esquerda e ao lado embaixo à esquerda: Capuchinhas como *Tropaeolum majus* "Strawberry Ice" podem ser úteis como "armadilhas", afastando os afídeos dos legumes (aqui, ervilha "Shiraz"), tomates e brássicas (aqui, couve "Nero di Toscana"). Elas também atraem insetos predadores como crisopídeos, que se banqueteiam com pulgões.

Ao lado, em cima à direita: As flores das cebolas (*Allium*), da cebolinha (*A. schoenoprasum*) e do alho (*A. sativum*) atraem muitos insetos polinizadores. Dizem que, quando cultivadas sob roseiras, essas ervas ajudam a prevenir fungos.

Ao lado, embaixo à direita: Por causa do odor pungente, muitos jardineiros usam cravos-de-defunto (aqui *Tagetes patula* "Safari Mixture") para afastar moscas-brancas de culturas de estufa, como tomates e pimentas.

ÍNDICE REMISSIVO

AGRADECIMENTOS

Muitos agradecimentos a todos na Mitchell Beazley, especialmente Alison Starling, Leanne Bryan e Juliette Norsworthy; a Lizzie Ballantyne e Joanna Chisholm; e à Royal Horticultural Society, particularmente a Rae Spencer-Jones, Simon Maughan, Leigh Hunt e Chris Young, por sua energia e entusiasmo incansáveis e por ajudar a fazer deste livro uma realidade.

Agradecimentos especiais a Marianne Majerus pela brilhante fotografia e também a Bennet Smith.

Agradeço ainda aos paisagistas destacados neste livro por seu tempo e interesse.

Pela ajuda nos projetos práticos, agradeço à RHS Garden Wisley, particularmente a Matthew Pottage; a Tom Wheatcroft de Capel Manor; à Garden Beet (www.gardenbeet.com); à Burgon & Ball (www.burgonandball.com); e à Vertigro (www.vertigro.co.uk).

Por fim, abraços a Jacquie Drewe e Gordon Wise, de Curtis Brown. E à minha família, especialmente Andria, Ellie, Frankie e Rosie pelo apoio, encorajamento e por me ajudarem a ver o lado divertido da vida.

CRÉDITOS DOS PROJETOS PAISAGÍSTICOS

Acres Wild, 31; Adam Caplin, 28; Adam Frost, 16-17; Adam Woolcott, Jonathan Smith, 172; Adrian Hallam, Chris Arrowsmith, Nigel Dunnett, 208-209; Aileen Scoular, 73 em cima, 164, 173; Alan Swann e Ahmed Farooqui, 160-161; Andrew Wilson, 104; Andrew Wilson e Gavin McWilliam, 157 esquerda; Andy Sturgeon, 182-183, 184; Angela Kreeger, 14-15; Ann Mollo, 39, 84 em cima, 188-189; Ann Pearce, 34-35, 136 embaixo; Arne Maynard, 179 embaixo; Barbara Hunt, 18-19; Barbara Schwartz, 117; Bowles e Wyer, 187; Bunny Guinness, 166, 171; Carine Reckinger-Thill, 38-39; Catherine Heatherington, 64-65, 65 em cima, 65 embaixo, 144-145; Catherine Horwood, 2, 98; Catherine MacDonald, 115 meio; Charlotte Rowe 34, 44-45, 45 em cima, esquerda, 45 em cima, direita, 45 embaixo, 46-47, 51, 72 embaixo, 82-83, 83 em cima, 83 em baixo, 84 embaixo, 87 em cima, 130, 136 em cima, 178, 195; Chris Ghyselen, 198-199; Christopher Bradley-Hole, 10, 36-37, 37 em cima, esquerda, 37 em cima, direita, 37 embaixo, 193, 201; Christopher Masson, 47 embaixo; Claire Lewis, 79 em cima; Claire Mee, 52-53, 53 em cima, 53 embaixo, 54 embaixo, 85, 93 embaixo, 176-177, 180; Cleve West, 114; Daniela Coray, 141; Daniela Moderini e Laura Zampieri, 22-23; David Matzdorf, 148-149; Declan Buckley, 74-75, 75 em cima, esquerda, 75 em cima, direita, 75 embaixo, 77 embaixo, 105; del Buono Gazerwitz Landscape Architecture, 6, 43, 60-61, 61 em cima, 61 embaixo, 71 em cima, 80-81, 118-119, 120-121, 134-135, 200; Diana Yakeley, 96-97; Don Mapp, 165 embaixo; Emma Plunket, 29 embaixo; Emma Plunket/Scotscape, 150, 150-151; Fiona Heyes, 90-91; Fiona Naylor, 67-68; Furzelea, Essex, 202-203; Gay Wilson, 153; George Carter, 94 esquerda, 94 direita, 95; Gillian Blachford, 24-25 embaixo; Heather Culpan e Nicola Reed, 167; Ian Kitson, 30; Ian Kitson, Julie Toll, 42 embaixo, 112-113; James Lee, 92-93; Jane Brockbank, 55 embaixo, 138-139, 146, 211 em cima; Jean e Simone Hoss, 78 em cima; Jihae Hwang, 13 em cima; Jilayne Rickards, 32, 73 embaixo; Jill Billington, 91, 212; Jinny Blom, 106 em cima, 118; Jo Thompson, 124 em cima; Joe Swift, 203 em cima; Jon Baillie, 203 embaixo; Julie Toll, 72 em cima, 156; Kate Gould, 12-13; Kathy Brown, 186; Kim e Stephen Rogers, 163 direita; Laara Copley-Smith, 50 esquerda; Laurie Chetwood e Patrick Collins, 58-59; Leslie Sayers, 86 esquerda; Linda Pebody, 209; Luciano Giubbilei, 113 em cima; Lucy Sommers, 21, 158; Lynne Marcus, 4-5, 62-63, 88 esquerda, 88 direita, 89, 124 embaixo, 131, 147, 152 em cima, 159; Marcus Barnett, 115 em cima; Margaret Archibald, Val Donnelly, Rae McNab, Coralin Pearson, 121; Marianne Jacoby, 63; Marie Clarke, 93 em cima; Matt James, 126-127; Michele Osborne, 33 embaixo, 68; Modular, 47 em cima; Nigel Dunnett, 13 embaixo; Noel Kingsbury, 210 esquerda, 210 direita; Paolo Pejrone 108-109; Paul e Patsy Harrington, 78 embaixo; Paul Gazerwitz, 8-9, 59; Paul Southern, 42 em cima; Peter Berg, 29; Randle Siddeley, 50 direita; René Meyers, 87 embaixo; Renella Palmer, 70-71; Rupert Wheeler, Paul Gazerwitz, 48 esquerda, 48 direita, 49; Ruth Collier, 99; Ruth Willmott e Frederic Whyte, 24; Sam Martin, 54 em cima, 161; Sara Jane Rothwell, 20-21, 69, 81, 100-101, 101 direita, 106 embaixo, 125, 181 em cima; Sarah Eberle, 19; Spencer Viner, 24-25 em cima, 71 embaixo; Stuart Craine, 55 em cima, 56-57, 57 em cima, 57 embaixo, 202, 205 em cima; Sue Townsend, 26-27, 107, 137, 143; Susan Bennett e Earl Hyde, 111 embaixo, direita, 179 em cima; Theresa Mary Morton, 113 embaixo; Tom Stuart-Smith, 40 esquerda, 40 direita, 41, 102-103, 108; Ulf Nordfjell, 157 em cima; Val Bourne, 33 segunda a partir de baixo, 129 em cima; Vanna Colling, 86 direita; Vivienne Parry, 11.

BIBLIOGRAFIA DA P. 15

1. CAMERON, R. W. F. *et al*, "The Domestic Garden – its Contribution to Urban Green Infrastructure". Em *Urban Forestry and Urban Greening*, 11, 2012, pp. 129-137. DAVIES, Z. G. *et al*. "A National Scale Inventory of Resource Provision for Biodiversity Within Domestic Gardens". Em *Biological Conservation*, 142, 2009, pp. 761-771. THOMPSON, K. *et al*. "Urban Domestic Gardens (III): Composition and Diversity of Lawn Floras". Em *Journal of Vegetation Science* 15, 2004, pp. 373–378.

2. LORAM, A. *et al*. "Urban Domestic Gardens (X): The Extent & Structure of the Resource in Five Major Cities". Em *Landscape Ecology*, 22, 2007, 601–615.

3. GILL, S.E. *et al*. "Adapting Cities for Climate change: the Role of Green Infrastructure". Em *Built Environment*, 33, 2007, pp. 115–133.

4. BLANUSA, T. *Gardening matters: Urban Gardens*. Londres: RHS, 2011. p. 8.

5. SMITH, R. M. *et al*. "Urban Domestic Gardens (VIII): Environmental Correlates of Invertebrate Abundance". Em *Biodiversity and Conservation*, 15 2006a, pp. 2515-2545. SMITH, R. M. *et al*. "Urban Domestic Gardens (VI): Environmental Correlates of Invertebrate Species Richness". Em *Biodiversity and Conservation*, 15, 2006c, pp. 2415-2438.

6. GREGORY, R. D. & BAILLIE, S. R. "Large-Scale Habitat Use of Some Declining British Birds". Em *Journal of Applied Ecology*, 35, 1998, pp. 785-799. MASON, C. F., "Thrushes Now Largely Restricted to the Built Environment in Eastern England". Em *Diversity and Distributions*, 6, 2000, pp. 189-194.

7. OWEN, J. *Wildlife of a Garden: A Thirty-Year Study*. Londres: RHS, 2010.

8. CAMERON, R. W. F. *et al*. "The Domestic Garden – Its Contribution to Urban Green Infrastructure". Em *Urban Forestry and Urban Greening*, 11, 2012, pp. 129-137.

9. MCCALL, A. & DOAR, N. "The State of Scottish Greenspace". Em *Scot. Nat. Heritage Rev.*, 88, Edimburgo, 1997.

10. SMITH, C. *London: Garden City?*. Londres: London Wildlife Trust, Greenspace Information for Greater London, Greater London Authority, 2010, p. 12.

11. DOMENE, E. & SAURI, D. "Urbanisation and Water Consumption: Influencing Factors in the Metropolitan Region of Barcelona". Em *Urban Studies* 43, 2006, pp. 1605-1623. SYME, G. J. *et al*. "Predicting and Understanding Home Garden Water Use". Em *Landscape and Urban Planning*, 68, 2004, pp. 121-128.